Karl Bleibtreu

Gedankenübertragung beim grossen Generalstabe

Karl Bleibtreu

Gedankenübertragung beim grossen Generalstabe

ISBN/EAN: 9783743443884

Hergestellt in Europa, USA, Kanada, Australien, Japan

Cover: Foto ©ninafisch / pixelio.de

Manufactured and distributed by brebook publishing software
(www.brebook.com)

Karl Bleibtreu

Gedankenübertragung beim grossen Generalstabe

Gedankenübertragung

beim großen Generalstabe

von

Karl Bleibtreu.

Leipzig 1899
Verlag von Wilhelm Friedrich.

Es giebt mehr Ding' auf Erden, als die Weisheit selbst des größten Generalstabes sich träumen läßt, z. B. die Suggestion. Mit schwarzer Bosheit scheine ich heimliche Hypnose verübt zu haben.

Zu Weihnachten 1896 publizierte der Verlag A. Schall (Kaiserlicher Hofbuchhändler) eine Studie „Der Kampf bei Mars la Tour" (120 enggedruckte Seiten) in 25000 Exemplaren, die gratis ans Offizierkorps versandt wurden. Denn mir liegt nicht an materiellem Erwerb, sondern idealem Verbreiten von Wahrheiten. Die Schrift wurde günstig oder abfällig besprochen, einige Herren gewannen es über sich, die Gratis-Gabe unwirsch dem Verlag zurückzusenden, sintemal ich ja doch die bête noire gewisser Kreise bin.

Ich habe mich leider im Herbst 1898 bemüßigt gesehen, mehrfache Klagen gegen Militärschriftsteller von Rang und Ruf zu erheben, wegen nachträglicher „Übereinstimmung" mit meinen Anregungen, von Leuten ausgehend, die gleichzeitig mich aufs gehässigste befehdeten. Doch nein, dies alles ist ja nur „Gedankenübertragung", um pathologisch zu reden! Zu meiner Betrübnis muß ich diesem unerquicklichen Thema ein neues Blatt hinzufügen, und zwar diesmal das gewichtigste. Denn hätte ich damals ahnen können, daß gleichzeitig November 1898 der große Generalstab selbst mir Anlaß dazu geben würde?! Als ich einer anonymen Selbstverherrlichung Hoenigs in seinem „Berliner Tageblatt" entnahm, daß er eine neue Streitschrift „Die Wahrheit über Mars la Tour" gegen Heft 25 der Kriegsgesch. Einzelschr. d. Generalstabs erlassen habe, witterte ich sofort Unrat. Denn meine Schrift vor zwei Jahren richtete sich ja gegen Hoenigs „Zwei Brigaden" und ich mußte darauf gespannt sein, was denn nun nach mir zu gleichem Zweck (Ehrenrettung des Generals v. Schwartzkoppen) der große Generalstab zu Tage gefördert habe.

Ich las zuerst Hoenigs Opus. Daß er es fertigt bringt, meine Broschüre unter den „hauptsächlichsten Abhandlungen" vornehm zu ignorieren, hat mich nicht gewundert, denn ich kenne seine ungenügende litterarische Anständigkeit aus Erfahrung. Die Besprechung des Heft 25 im „Mil. W. Bl." seitens Generals v. Scherff entging mir, ich trage auch kein Verlangen danach, mein Material zu bereichern. Ein Tropfen mehr oder weniger macht den Kelch bei mir nicht mehr überfließen, denn er überfließt schon lange! Jedenfalls wette ich darauf, daß auch dort mit keiner Silbe meiner Abhandlung gedacht ist. Inhalt der Recension soll wörtlich sein: „von dem ursprünglichen Bild der „Zwei Brigaden" Hoenigs ist fast nichts mehr übrig geblieben." Ganz recht, das war eben das teilweise Ergebnis meiner Schrift. Wenn Hoenigs bissige Andeutungen, die mich hier nichts angehen, richtig sind, so muß freilich seinen Gegnern ein hochgradiger Mangel an Unparteilichkeit und Takt zugesprochen werden, eine Art Verschwörung, um Hoenig mundtot zu machen. Nun, an derlei bin ich gewöhnt und spüre selbst kein Bedürfnis mehr wie in alter Zeit, für diesen undankbaren und ungerechten einstigen „Freund" Lanzen zu brechen.*) Daß er aber schreibt: „Es ist in der Wissenschaft Brauch, frühere Darstellungen zu citieren" und nun rein äußerliche Aehnlichkeiten zwischen seiner Schrift und Heft 25 bezüglich einiger Stellen der gewöhnlichen historischen Erzählung entdeckt, scheint mir psychologisch lehrreich. Denn entweder hat Hoenig in maßloser Subjektivität nur oberflächlich bemerkt — ganz kann es ihm nicht entgangen sein —, daß ich hundertmal mehr Recht zu diesem Vorwurf hätte, oder — was wahrscheinlicher — er weiß es recht gut, aber trotz seines Hasses gegen den Generalstab sind Neid und Hochmut noch mächtiger in ihm und er verzichtete lieber auf diese eigenartige Entdeckung, als daß er mir zu meinem Recht verhalf. Mag er auch denken: wehre der sich nur selber! Das will ich, nachdem der Zufall mich auf die Spur geleitet. Ich habe Heft 25 nun studiert und stehe nicht an, dies eine kriegswissenschaftliche Gedankenübertragung zu nennen, die naivste, von der ich je Kunde erhielt. Die pure Vergeßlichkeit offizieller Militärkreise, mich mit gelegentlichen Fußtritten zu beehren, aber ahnungslos errötend meinen Spuren zu folgen, ohne sich zu erinnern, soll doch endlich mal in den Spiegel schauen.

1) Der gedankliche Inhalt meiner Studie — in großen Zügen, das Strategische bei Seite gelassen — ist folgender. „Scherff behauptet, die 38. Brigade habe sich in weitem Bogen nordöstlich von Mars la Tour entwickelt. Es scheint aber doch,

---

*) S. 136 seiner Schrift druckt er seine Feldzugskonduite ab, worin es heißt: „sehr ehrgeizig, empfindlich, leicht reizbar, doch bemüht, sich zu beherrschen." Ich habe von dieser Bemühung selten etwas wahrgenommen

als ob Bataillon I und II des Rgt. 16 durchaus westlich des Ortes vorgerückt seien, daß also beim ersten Avancieren keine Verbindung zwischen den beiden Regimentern bestand". U. s. w. Folgt Nachweis dafür. Indirekt muß Heft 25 dies zugestehen, obschon ursprünglich beim Angriffsbeginn die 16er noch östlich des Dorfes gestanden hätten. Siehe Schluß.

2) Es sei Hoenigs Verdienst, aufgeklärt zu haben, daß nicht die Brigade, sondern nur 8 Kompagnien linken Flügels die Nordseite der Schlucht erreichten. Und zwar sei letztere dort unbesetzt gewesen, die 16er seien erst jenseits auf Cisseys Spitzen gestoßen. Hoenig irre aber, daß man das Gros Cissey in Gefechtsbereitschaft fand, dessen Bataillone vielmehr nur successive sich entgegenwerfen konnten. Dies ist von größter Wichtigkeit, um den Nahkampf und dessen Verluste zu verstehen: hier liegt eine besonders wertvolle Divination meinerseits vor. Heft 25 bestätigt und adoptiert diese Darstellung in allen Punkten.

3) Indem ich Hoenigs Schrift größte Anerkennung widerfahren lasse trotz ihrer schreienden Irrtümer, betone ich, daß er weniger den Kampf der 38. Brigade als seines eigenen Regiments 57er beschrieben habe, daß aber die wahre Beurteilung des berühmten Kampfes nur in Beleuchtung des Gefechts von I und II 16 bestehen könne, da nur dort „der wahre Entscheidungskampf sich abgespielt hat, und daß überhaupt nur dort die Entscheidung liegen konnte." Heft 25 schließt sich völlig dieser Grundanschauung an, bereichert sie nur um die zweifelhafte Nuance, daß man bei den 57ern sogar früher den Rückzug antrat, als bei den soviel länger fechtenden 16ern.

4) Ich korrigiere dann Hoenigs falsche Stellungs= und übertriebenen Stärkeangaben der Franzosen. So sei z. B. das 43. Rgt. nicht in Reserve gewesen, sondern im Hauptkampf, dagegen habe gerade das 64. in Reserve gestanden: es habe nur Brigade Bellecourt an der Schlucht gefochten. Bei Cissey habe das 6. gar nicht und die 20. Jäger mäßig*) gefochten laut Verlustliste. Folgt eine Untersuchung über Kunz' Verfahren in Aufstellung seiner erhöhten Liste im einzelnen, die aber umgekehrt in Summa noch unter Labmiraults eigener Verlustangabe bleibt. Das 1. de ligne habe am meisten gelitten, weil es wohl „zuerst und isoliert in Kolonne den 16ern entgegentrat". Hoenig behaupte irrig das Gegenteil, in seiner neuen Umarbeitung seiner Schrift, daß nur Brigade Golberg dort gefochten habe. Folgt mein Nachweis; ebenso gegen Hoenigs Darstellung, daß Cissey

---

*) Uebrigens erfährt man jetzt, daß nur ein paar Kompagnien Greniers über die Schlucht folgten, nur Cisseys 57. und 73. traf die DragonerAttacke, die jedoch keine Wirkung that, wie wir schon früher sagten.

schon zwei Stunden bei Bruville gelagert habe. „Das
Eingreifen Cisseys erst gegen 5 Uhr, sein enormer Verlust in kurzem Nahkampf mit weit unterlegenem Gegner — das sind die zwei Angelpunkte derjenigen
Untersuchung, welche die richtige Lehre des Vorgangs
finden will." Es fallen nun ironische Streiflichter auf Hoenig's
Manier, sich mit den Thatsachen abzufinden, wenn er „sie nicht
mit seinen Hypothesen in Einklang zu bringen vermochte" nebst
divinatorischer Logik, warum „Cisseys Körper a isolirt eingesetzt
wurden, b sich nicht in Schlachtformation befanden, c in dieser
Verfassung nördlich der Schlucht auf die 16er stießen" und
nur deshalb noch mehr verloren als die 16er. — Sämmtliche Punkte bis ins kleinste Detail (1. de ligne griff thatsächlich
zuerst ein, 20. Chasseurs mußten schon beim Aufmarsch zurück, 64. kam nach Greyère Ferme weg) hat Heft 25 bestätigt an
der Hand französischer Berichte, die ich nicht kannte.

5) Grenier habe nicht schon um 2 Uhr die Bruviller Höhe
und 2½ Uhr das Nordende des Tronviller Busches besetzt, wie
Hoenig sagt, sondern erst vor 4 Uhr. Nur die Flankenabteilung
bei Greyère Ferme als Labmiraults Avantgarde schon nach 2 Uhr
sich aufgestellte. — Indirekte Bestätigung dafür bieten Nr. 4 und
10 Anhang des Hefts. Auch sagt Lonlay ausdrücklich: I III 13
„ordnen sich hinter der Höhe (Bruviller), die sie eine Stunde
vorher besetzt hatten" — es ist aber hier von ½,5 Uhr die
Rede.

6) Weil ich schon früher festgestellt, daß überhaupt nur 9 Bataillone Ixier am Tronviller Busch verwendet wurden, die hier
eingesetzten französischen Kräfte also äußerst geringe waren —
thatsächlich seien überhaupt nur 26 französische Bataillone =
höchstens 17 000 Gewehre gegen mindestens 19 deutsche Bataillone
von ungefähr gleicher Stärke vor Linie Bruville-St. Marcel zum
Ernstkampf gekommen —, so habe Hoenig keine Berechtigung, es
als Bagatelle zu behandeln, daß hier gleichzeitig um 4½ Uhr
10 frische deutsche Bataillone (5 der 20. Division und 5 der
38. Brigade) eingesetzt wurden. „Jedenfalls erfolgte der Frontal-
angriff (Demonstration) gegen Tronviller Busch ziemlich gleichzeitig mit schrägem Vorgehen gegen die Bruviller Höhen. Eine
einheitliche Bewegung fand also in gewissem Sinne
statt." Deshalb: „Rein objektiv aus der Lage heraus betrachtet,
kam der Angriff nicht verfrüht, sondern knapp zur rechten Zeit.
Denn die Franzosen waren thatsächlich noch nicht vorbereitet und
kann man Hoenig hier mit seinen eigenen Waffen schlagen."
Folgt Nachweis. Dieser Passus wird wiederum glänzend bestätigt
durch Nr. 10 Anhang, doch läßt Heft 25 im Text die nötige
Deutlichkeit vermissen. Übrigens weiß man heut, daß die Zahl der
französischen Bataillone, die überhaupt nach 4 Uhr feuerten,

nur 4 $^1/_2$ Bellecourt, 2 $^1/_2$ Prabier, 10 Ciffey, 3 Aymard, 4 $^1/_2$ Tirier betrug, alfo runb 24 Bataillone.

7) Hiermit steht Hoenigs eigene Mitteilung im Zusammenhang, daß während des Angriffsbeginns Schwartzloppen die Versicherung erhielt, daß die schon jetzt füdlich Mars la Tour vorübertrabende 5. Kav.-Div. (richtiger Brigade Barby mit anderen Teilen) „den Angriff in der linken Flanke unterstützen wird". Hierdurch erkläre ich Schwartzloppens Zuversicht für begreiflich, ohne Besorgnis um feine linke Flanke: „Da liegt die Frage nahe, warum die 5. Kav.-Div. den ihr gegebenen Auftrag nicht früher und schneidiger ausführte; denn ihr Vorpreschen schon nach 5 Uhr hätte das 16. Rgt. entlastet, da sogar ihr spätes Vorgehen so lange nach der Krifis dem Vorrücken Ciffeys Halt gebot." Auch diese Frage schneidet Heft 25 an, d. h. bestätigt mein Bedenken und sucht eine Entschuldigung.

7) Hierzu: „Die französischen Reitermassen find um diese Zeit noch nicht recht verfammelt gewesen, denn sogar der erste isolierte Kampf der Chaffeurs d'Afrique dürfte erst nach $^1/_2$6 Uhr erfolgt fein." Thatsächlich fand keine Uebereinstimmung zwischen den beiden Reiterführern Baratl und Legrand statt (Nr. 45 Anhang) und erst um 5 $^1/_4$ Uhr kann das Handgemenge mit unseren 13. Dragonern begonnen haben. (S. 30.)

9) Nur die glänzende Führung Ladmiraults und Ciffeys habe die Niederlage verursacht. Wäre Ciffey nicht auf eigene Initiative im Gewaltmarsch herangeeilt, so wäre umgekehrt durch Schwartzloppen „Brigade Bellecourt aufs glücklichste flankiert und überrannt worden". Diese sei nur 3500—3900 Gewehre stark gewesen, überhaupt Hoenigs Annahme einer riesigen französischen Uebermacht lächerlich hinfällig. — Alles dies wird vom Generalstabsheft bereitwillig angenommen und bestätigt, ohne jedoch klar das Hauptsächlichste herauszuschälen. Von Ciffey heißt es S. 80: „Das verdankte die Division ihrer Führung, das Gelingen ihres Gegenstoßes ihrer außerordentlichen Tapferkeit." Was Nr. 22 Anhang über General Braver sagt, habe ich längst in meiner Dichtung „Gravelotte" verwertet.

10) Die drei Batterien Ciffeys seien jetzt wohl noch nicht angelangt — nämlich etwa 4 Uhr 10 Minuten nach Oberst Schaumanns Darstellung, der schon 1000 Schritt vor der Infanterie in Stellung ging. Dies seien wahrscheinlich erst die Batterien Greniers gewesen. Uebrigens beweise der mäßige Verlust der 16er beim Ueberschreiten der Schlucht, daß auch bei Greyère Ferme westlich keine nennenswerte Artillerie stand. (Letzteres stellt sich jetzt als überraschend richtig heraus.) Der Verlust Ladmiraultscher Artillerie war derart gering, im Vergleich zum 18. August sowie im Vergleich zum heutigen 2—5fach größeren Verlust der Artillerie von Canrobert, Froffard, Garbe,

nicht viel größer als der des Leboeufschen Korps, von dem sicher nur ein kleiner Teil (die meisten Batterien recht weit entfernt vor St. Marcel) wirkte — daß man unmöglich Hoenigs Glauben teilen könne, 72 Geschütze Labmiraults gegen 38. Brigade seien zum Ernstkampf gekommen. — Stimmt, siehe später.

11) Das Generalstabswerk irre um mindestens eine halbe Stunde, wenn es Beginn der Reiterschlacht auf $6^3/_4$ setze. — Bestätigt von Heft 25, vergl. Nr. 43 Anhang, im Gegensatz auch zu Scherff. Mit Attacke 1. Garbedragoner fast zusammenfallend. Woraus ich den naheliegenden Schluß zog, daß nur die gleichzeitige Reiterschlacht Labmiraults Verfolgung unterbrach. Derlei theoretische Logik scheint jedoch dem „Generalstab“ fern zu liegen.

12) Der deutsche Gesamtverlust an diesem Flügel betrage rund 550*) Mann Kavallerie, 50 Artillerie,**) 2600 Infanterie (richtiger 2500). Der französische mit Reiterei (laut Heft 25 85 Offiziere, 525 Mann, wovon 50 Offiziere, 238 Mann auf Legrand, beides falsch) rund 2700. Hiervon kämen aber 1450 Cissey (nach Schätzung von Kunz, anderen Maßstab siehe Schluß) gegen rund 1400 (1388 Tote und Verwundete (ohne Gefangene) der 16er oder noch richtiger 900 (884) Tote und Verwundete von I, II 16. Deshalb dürfe Hoenig nicht sagen, daß die Brigade niedergeschossen wurde, ohne dem Gegner Abbruch zu thun, vielmehr treffe dies nur für den rechten Flügel (57er) zu. — Das Generalstabsheft schwingt sich zwar nicht zu solcher Beweisführung auf, stimmt aber sonst ganz überein. Daß die Husarenbrigade Montaigu und die Kaiserindragoner je eine Schwadron an die Infanterie abgegeben hatten, wußten wir nicht. Doch beweist auch dies, daß die französische Reiterei der deutschen an Zahl kaum gewachsen war. Die Chasseurs d'Afrique fochten kaum mit. Ebenso nicht 3. Eskadron 13. hannoverschen Ulanen, die 11 Mann bei Bruville durch Fernfeuer verloren haben müssen, wenn man Anlage 21 des G.-St.-W. mit Heft 25 S. 67 unten vergleicht.

13) Aus Vergleich der Kampfformen und Verluste aller Kompagnien ziehe ich den Schluß: „Daß die taktische Fechtart an sich den Verlust so wenig bedingt als die Bewaffnung an sich, und daß nur die sonstigen Umstände der Aufmarschlage und Angriffsrichtung darüber bestimmen“. Denn entwickelte Schützenlinien

---

*) Nach Heft 25 verlor man in der Reiterschlacht 44 Offiziere, 385 Mann. Hierzu wären zu rechnen 16 Offiziere, 122 Mann 1. Garbedragoner, 3 Offiziere, 30 Mann Artilleriebedeckung (4. Kürassiere). Summa 600.

**) Die vier Batterien Golz nicht mitgerechnet, die sicher erst zuletzt gegen Labmiraults Truppen feuerten, bis dahin gegen die Mulde von St. Marcel. Nur Batterie Berendt gegen die Verfolgung, sowie nach Abfahren der gegnerischen Artillerie gegen „Infanterie auf dem Höhenkamm“ von Bruville.

verloren mehrfach dreimal mehr als geschlossene Abteilungen. Der ärgste Verlust trat auf beiden Flügeln ein, wo der Feind unsere aufgelösten Schützen rasch flankierte. Hingegen war er gering beim schnellen ersten Vorgehen, obschon frontal, Kompagniekolonne, schon „eingedeckt" auf 2000 m. — Die doppelte Umfassung wird von Heft 25 nachgewiesen; ebenso durch Augenzeugen bekräftigt, daß die 16er fast gar kein Chassepotfeuer erhielten, ehe sie nicht an der Schlucht auftauchten. Ihr Flankenfeuer decimierte das 43. und dann das 73. de ligne, anfangs auch das 57., dessen stürmische Bravour endlich nur Erfolg hatte, weil es seinerseits rechts und links sich vorschob und besonders in der Mitte einbrach, wo die deutschen 57er vom Südrand wichen.

14) Es folgt eingehende Erörterung (Abschnitt VI—VIIIb) über die allgemeine strategische und Schlachtlage, aus der hervorgeht, daß der Stoß der 38. Brigade zwar thatsächlich zu weit östlich abirrte, um rechts Anlehnung am Tronviller Busch zu finden, und ein volles Linksschwenken der ganzen Brigade auf Greyère Ferme wohl mehr ausgerichtet hätte. Aber andererseits wäre infolge der gegnerischen Maßnahmen (also unberechenbar) selbst so ein Umfaßtwerden westlich nicht zu vermeiden gewesen; ferner glaubte Schwartzkoppen mit Recht, sich mit der Offensive der 20. Division rechts in Vereinung setzen zu müssen, hielt sich auch links durch Barby für gedeckt; endlich hätte die Zeitersparnis, falls man schon von Suzemont her zum Angriff schritt, nur vorübergehenden Erfolg ermöglicht, da man, je weiter man von Südwest nach Nord-Nordost gestoßen wäre, sich erst recht der Hauptmasse Ladmiraults genähert hätte. Selbst wenn man also Schwartzkoppen solch isolierten Angriff — ohne Anschluß an Batterien Goltz und 20. Division — zumuten könnte, lehrt genaue Prüfung der Lage: ebenso wie jeder spätere, wäre auch jeder frühere Angriff nutzlos gewesen. Denn nach 2 Uhr geriet man sonst in die Krisis am Tronviller Busch hinein, bis 3 Uhr hätte man die damals noch kompakt bei St. Marcel stehenden Massen Leboufs auf sich gezogen, nach 3 Uhr fand man den Tronviller Busch geräumt, hätte also bis Ankunft der Batterien Goltz den Aufmarsch verschieben müssen, bis 4 Uhr war an Mitwirkung der 20. Division nicht zu denken. Die scheinbar überhastete Schnelle Schwartzkoppens deckte sich völlig mit der Lage: etwas später hätte man die Schlucht schon allseitig besetzt gefunden, während damals weder Kavallerie Legrand noch Cissey kampfbereit waren. — Derlei Spekulationen erreicht das Niveau der Generalstabsarbeit zwar nicht, dafür sind massenhafte Belege meiner Ansicht zwischen den Zeilen zu finden. Siehe später.

15) Bezüglich der Anmarschzeiten wird im allgemeinen Hoenig Recht gegeben, gestützt auf neue Bestätigungen des Schaumann-

ſchen Berichts. Nicht bei Suzemont, ſondern ſüdweſtlich Mars
la Tour ſei die Brigade aufmarſchiert; denn ſtand ſie um 4 Uhr
erſt bei Suzemont, ſo müßte ſie frühſtens ¹/₂5 Uhr zum Angriff
angetreten ſein. Etwas nach 4 Uhr aber eröffnete Schaumann
ſein Artilleriefeuer, genau um 4 Uhr begann die Bewegung der
57er, die in ſchmalerem Bogen nach rechts ausholten, weshalb
I II 16 ſicher ſchon vor 4 Uhr vorgingen. Daß Hoenig koloſſal
irrte: die Artillerie ſei erſt zur Thätigkeit gelangt, als die Infanterie ſchon im heftigſten Feuer ſtand, ſteht nach Schaumanns
klaſſiſchem Zeugnis ja feſt. — Siehe ſpäter. Hätte übrigens
Hoenig Recht und wäre die anderweitige Behauptung: Artillerie
beginnt 4¹/₂ Uhr, richtig, ſo würde wieder zu unſern Gunſten
ſprechen, daß damals ſchon „die Infanterie im heftigſten Feuer
ſtand", alſo nicht erſt 5 Uhr.

16) In Abſchnitt VIIIc (S. 61—66) ſuche ich nachzuweiſen,
a) daß die Bataillone notwendigerweiſe, wenn man die folgenden
Thatſachen verſtehen will, zwar nicht gleichzeitig vorgingen, ſondern die Linke nach 1600 m Marſch ſchon 4¹/₂ Uhr zum Nahkampf haltmachte, 5 Uhr 20 Minuten den Rückzug beendete,
während die Rechte nach 1500 m Marſch erſt 5 Uhr an der
Schlucht Halt machte, das Centrum nach 1400 m Marſch ziemlich
gleichzeitig mit der Linken zum Halten kam, jedoch 200 m davon
rückwärts, daß daher Centrum und Rechte ihren Rückzug um etwa
25 Minuten ſpäter beendeten, als die vernichtete Linke, b) daß
aber trotzdem die Schlachtlinie beider Regimenter, obſchon beim
Vormarſch getrennt, nachher zuſammenhängend längs der
Schlucht lief, Linke vor und Rechte unfreiwillig „verſagt". —
Siehe ſpäter am Schluß. Das hat Heft 25 wieder im zweiten
Teil beſtätigt, ſucht aber sub a) unklar zu verwirren.

17) Es wird nun S. 68—76 nachgerechnet, daß a) Hoenigs
Bezifferung des franzöſiſchen Patronenverbrauchs lächerlich übertrieben, b) des deutſchen ebenſo untertrieben ſei, besgleichen irrig
ſeine Annahme, man habe ſchon 25% bis zum Anlangen vorm
Feind verloren. Dieſe äußerſt ſchwierige — und wie ich glaube
ſcharfſinnige — Unterſuchung gipfelt darin, daß die 38. Brigade
etwa 42 000 Schuß gethan habe, die Franzoſen 500 000 als
Maximum (d. h. nur ein Drittel der von Hoenig als Minimum
aufgeſtellten Summe!). Da die ganze Rheinarmee überhaupt nur 1¹/₂ Million am 16. verſchoß, ſo entbehrt Hoenigs
Berechnung von 1¹/₂ Millionen Patronen für die paar Mann
auf der Bruviller Höhe nicht der Komik; in ſpäterer Bearbeitung
ließ er mit ſich handeln und wollte rund 1 Million Schuß dafür
anſetzen!! Und wenn I II 16 nur noch 1360 Gewehre an den
Feind herangetragen hätten, wie Hoenig willkürlich dekretiert, ſo
wäre auf jedes deutſche Gewehr ein Treffer gekommen!! Ich be-
rechne nun 6300 Gewehre Ciſſey à 20 Schuß, 1636 deutſche Ge-

wehre à 15 pro Kopf und die fünfte Kompagnie extra mit 220 Gewehren und 6500 Schuß, so daß im ganzen hier westlich 150 000 französische und 32 000 deutsche Schuß verfeuert worden wären. Da nun Cissey noch mehr verlor, als jene acht Kompagnien, der deutsche Hauptverlust aber erst beim Rückzug eintrat, der Cisseys also beim Zusammenstoß selbst wahrscheinlich doppelt so groß gewesen ist — auf jede 150. französische Kugel ein Treffer höchstens, auf jede 20. deutsche ungefähr ein Treffer —, so strahlt die Leistung dieser acht Kompagnien im hellsten Glanze und ist bezüglich Ruhe und Treffsicherheit in höchster Gefahr nie übertroffen, wohl kaum je erreicht worden.

Bei den anderen 11 Kompagnien Centrum und Rechte, gegen welche Grenier etwa 35 000 Schuß verpulvert haben und somit nur ein Treffer auf 350 Schuß gekommen sein mag (Verlust 1000, wenn wir 200 für Artilleriefeuer abziehen), nahm ich 16 000 Schuß an, somit ein Treffer auf 40 Schuß (Grenier verlor angeblich 400 Mann). Und zwar widerlegte ich Hoenig's: „Überhaupt nicht zum Schuß kommen 3, 4/57 und 9, 12/16," rechnete hier 3 Schuß pro Kopf, für F 57 etwa 5, für 1, 2/57 den Umständen nach 10. Für 10, 11/16 gleichfalls 15 Schuß, wie bei den andern Kompagnien 16er. Da aber die 5. Kompagnie auf der Flanke 30 Patronen pro Kopf verschoß, wie seither festgestellt, so muß das Gleiche auch für die 6. gelten. Und wenn I II 16 „sprungweise" avancirte, was Hoenig bestreitet, so dürfte man sich auch sprungweise herangeschossen, vielleicht also bei allen acht Kompagnien 30 Schuß pro Kopf verfeuert haben. Denn 5. und 6. führten doch nur ein hinhaltendes Gefecht, während sich beim Zusammenstoße mit Cissey das Schnellfeuer höchstmöglich steigerte. Somit könnten wir getrost abrunden, daß deutsche 4500 Gewehre 50 000, französische 10 000 Gewehre das Zehnfache verbrauchten, also bei ungefähr gleichem gegenseitigen Verlust eine zehnfach geringere Treffwirkung hatten. Da aber die Franzosen mehrfach zum Bajonett übergingen, so wird man selbst unsre niedrige Bezifferung ihres Patronenverbrauchs noch bedeutend modificiren müssen, obschon sie ja thatsächlich am Abend Munitionsmangel meldeten.

19) Aus fernerer Untersuchung VIII g sei nochmals hervorgehoben, daß zweifellos das 1. de ligne gleich beim Hauptkampf mitwirkte, während Hoenig nur das 57. und 73. fechten läßt. Freilich sei ja möglich, daß auch nachher bei Verfolgung schwere Verluste eintraten, obschon Hoenig dort nur stumpfsinnig fliehende Trümmer zerstieben lasse. „Wir glauben mit Stolz, daß die herrlichen I II 16 auch auf dem Rückzug sich zur Wehr setzten und kräftig in den Feind hineinschossen." Das 20. Chasseurbataillon rechnete ich dagegen nicht zu den ernstfechtenden Truppen, weil es höchstens 10 % einbüßte, während

der Durchschnittsverlust der anderen engagirten 9 Bataillone
Cisseys angeblich 20 % betrug. Es bestehe aber dringender Ver-
dacht, daß Labmiraults Infanterie noch mehr verlor als
Kunz oder gar Hoenig in seiner Neubearbeitung angiebt.
Denn zieht man angeblich 67 oder 49 Artillerie*) und 288 Kavallerie**) Legrand (nach Kunz 360) von der Labmiraultschen
offiziellen Verlustangabe 2458 ab, so bleiben Rest rund 2100
für die Infanterie und, zieht man 357 Grenier (Hoenig) ab, 1750
für Cissey! Wir liefern aber S. 79 den indirekten Beweis, daß
z. B. Frossarts offizielle Angabe, welcher zwei niedrigere Re-
gimentsangaben (historiques) zu widersprechen scheinen, absolut
richtig war, weil bei einem dieser Regimenter (67. de ligne) ein
später laut Kunz in deutsche Hände gefallener Rapport, also un-
umstößliches Dokument, größere Einbuße zugesteht, als dessen Re-
gimentsgeschichte Worte haben will. Warum sollten wir nicht
geradeso Labmirault's eigene offizielle Angabe in gleicher Weise
für richtig halten, wie in diesem analogen Fall? Alle diese
Dinge belegt Heft 25 in seiner Weise indirekt, doch ist die Zahl
der französischen Gewehre und offenbar auch der verbrauchten
Patronen noch kleiner gewesen. (Über Verlustirrtum siehe Schluß.)
    Aus allen von mir divinatorisch aufgestellten Thatsachen er-
mittle ich (S. 76): Das Ergebniß meiner mühsamen Untersuchung
sei „das denkbar günstigste für Nahfeuer und Flankirung,
das denkbar ungünstigste für Fernfeuer und Frontalfeuer."
Denn in Abschnitt X, bei Ablehnung des fast völlig sinnlosen
Vergleichs mit St. Privat, den Hoenig zur Herabsetzung der 38.
Brigade zieht, stelle ich fest, daß die so viel getadelte Angriffs-
formation Schwartzkoppens unverhältnismäßig besser den Umständen entsprach; daß bei der Garde thatsächlich wohl 60 % der
Gesammteinbuße nur aufs erste Vorgehen kamen, bei der 38.
Brigade aber das Umgekehrte zutraf; daß deren Angriff nicht
„unvorbereitet" (Liebert im Mil. W. Bl.) erfolgte (wie derjenige
der Garde), sondern so gut vorbereitet, als es eben irgend in den
Umständen lag, durch rechtzeitiges Vorziehen der einzig zur Stelle
sich befindlichen 18 Geschütze (6 Gardedragonerbatterie 12 Schaumann), welche nach ihren beschränkten Mitteln weit mehr lei-
steten, als die viel zu spät eingesetzten Geschützmassen vor St.
Privat; daß die Gefechtskraft der Brigade nicht durch den An-

---

*) Da nur für fünf Batterien Korpsartillerie namentliche Einzel-
verluste aufgeführt sind, und gar keine für Barail, da ferner, was wir
nicht wußten, sich jetzt zeigt, daß nur eine Batterie Grenier noch feuerte,
so können zuletzt nicht 72 Geschütze (laut Hoenig) gefeuert haben, sondern 54,
wovon eigentlich nur 36 gegen Infanterie.
**) 2. Husaren verloren allein 23 Offiziere, aber nur 80 Mann angeb-
lich, während die Gardelanziers (eine Eskadron auf 40 geschmolzen)
170 Mann und 17 Offiziere einbüßten? Siehe dagegen unsern Anhang,
Rousset und Ivert!

sturm selbst verbraucht wurde, sondern sie in verzweifelter Lage durchschnittlich Krisis-Minuten standhielt; daß somit das vernichtende Massenfernfeuer gar nichts wirkte, sondern erst nachher das flankirende Nahfeuer auf beiden Seiten. Hiermit bricht Hoenigs darauf gestütztes theoretisches Gebäude in sich zusammen.

Ohne die intelligente Leitung Labmiraults, der gegen Bazaines ausdrücklichen Befehl die Nordstraße benützte, um rascher an den Feind zu kommen, ohne Cissey's abnorme Leistung in Marsch und bravourösem Heranstürmen, wäre Grenier geschlagen, die Stellung erobert worden. Trotzdem aber dieser Unstern über Schwarzloppen's Versuch waltete, wurde der Feind nicht nur nicht „kaum geschwächt" (Hoenig), sondern ganz enorm! „Auch die französische Gefechtskraft war gebrochen. Denn nicht Verluste und Stärkeverhältnisse entscheiden in gewissen Kriegslagen, sondern der unbefinirbare, aber vom Instinkt sehr klar gewitterte, moralische Faktor. Dieser war durch den Heldensturm erst unmerklich, dann überwältigend herabgestimmt. Die 38. Brigade hat den Feind moralisch beeinflußt. Das moralische Übergewicht ist kein leerer Wahn, es fegt zwar Chassepots und Mitrailleusen nicht weg, doch es lähmt ihre Wirkung oder hebt sie auf." Labmirault fürchtete sich sozusagen noch vor dem Gespenst der vernichteten Brigade! Somit: a) materieller Erfolg nicht „gleich Null" (Hoenig), sondern bedeutend (Verlustwirkung.) b) moralischer Erfolg noch größer, Cissey erschüttert, Grenier demoralisirt. c) Psychologischer Erfolg: feindliche Führung verwirrt.

Nun vergleiche man, wenn Hoenig schon auf ganz erlaubte Übereinstimmung bloßer Erzählungsstellen pocht, das Schlußresümmee von Heft 25: „Der Angriff der Brigade ist also weder schlecht geführt, noch ein tollkühner Versuch gewesen. Nahe daran zu gelingen, hat er dem Gegner annähernd den gleichen Verlust beigebracht, als er selbst ihn erlitt, vor allem aber die Offensivkraft des Feindes völlig gelähmt .. Sie erzielen Erfolge seelischer Art, welche die Schlachtentscheidung des 16. August in höherem Maße beeinflußt haben, als es auf den ersten Blick scheint. Sie sind wieder ein Beweis dafür, daß einer kühnen Initiative, auch wo sie unterliegt, immer noch Vorteile in den Schoos fallen, die außerhalb jeder Berechnung liegen." Diese absolut neue Auffassung der Dinge und ihre gesammte logische Begründung hat der Generalstab entweder einfach von mir entlehnt, oder durch Gedankenübertragung mir nachempfunden, nachdem bis dahin die Hoenig'sche auch in der Armee als maßgebend galt, da sogar im „M. W. Bl." in diesem Sinne orakelt wurde. Es bliebe für ersteren Fall nur eine Ausflucht übrig, die bekannte, daß man trotzdem meine Schrift nicht gekannt habe. Nach Zeugniß der Firma Schall ist sie aber thatsächlich an alle

Offiziere versandt worden und genoß ziemlich lebhafte Besprechung. Auch pflegt man gerade bei derlei Behörden alles, nur irgendwie über den Gegenstand Erschienene sich zu verschaffen. Außerdem aber druckt Hoenig einen Brief vom 13. Nov. 1897, also ein Jahr nach Erscheinen meines „Mars la Tour", ab, woraus klärlich erhellt, daß man erst damals die betreffenden Recherchen begann und den Plan faßte, „eine neue Beschreibung der Schlacht herauszugeben." Warum erst und gerade damals, warum nicht früher, vor 1897? Die Antwort schwebt auf der Lippe. Somit steht über jedem Zweifel fest, daß meine Schrift den inneren Anlaß und Anstoß gegeben hat. Daraus würde zwar noch nicht folgern, daß eine völlige Abhängigkeit davon vorwalte, hier aber erstreckt sich die innere Übereinstimmung (Nachahmung) bis ins Einzelne. Ich werde nun vergleichen bezüglich all meiner 20 oben normirten Thesen, wie weit die Anlehnung wahrscheinlich. Natürlich standen dem Generalstab reichere Quellen zu Gebote, doch ist aus dem Anhang sowohl von Heft 25 als von Hoenig's Gegenschrift wenig genug zu entnehmen. Die Belege sind nicht genügend verwertet b. h. geistig durchgearbeitet. Häufig wird über ganz nichtige Dinge hin und her debattirt, wie und wo Roell oder Brixen oder andere gefallen seien, wie es mit der verlorenen Fahne stand u. s. w., was heute keinen Menschen mehr interessirt. Von Wert bei Hoenig ist nur der Bericht des Dr. Wolf, daß am nördlichen Schluchtrand die französischen Toten und Verwundeten in riesigen Massen lagen, und vom Zündnadelgewehr „allein rührten alle Verwundungen her." Hoenig setzt zwar hinzu, daß dies sich durchaus mit seinen Darlegungen decke, vergißt aber, daß er jetzt nochmals behauptet hat, nicht das Infanteriefeuer habe Cissey's Verluste verursacht, sondern die Granaten der deutschen Artillerie! Am Südrand und innerhalb der Schlucht hätten wenig Franzosen, dagegen die 16er in großer Zahl tot und verwundet gelegen, berichtet Dr. Wolf: Daraus schließt Hoenig, daß eben das Feuer auf dem Rückzug deutscherseits nicht fortgesetzt und gewiß nicht „wirksam" war. Abgesehen davon, daß ein Zeuge nicht Alles sieht, hätten ja auch nach Überschreiten des Südrandes die Franzosen vom Feuer leiden können; außerdem könnte das Feuer der auf den Südrand zurückgeworfenen, also auf dem Rückzug befindlichen 16er noch gegen die Massen am Nordrand fortgewirkt haben, und so wäre dann die französische Angabe (unter Nr. 33 des Anhangs von Heft 25) zu erklären: „Die Schlucht wird unter enormen Verlusten durchschritten."

Was nun die Abmarsch- und Aufmarschzeit von St. Hilaire bis Mars la Tour betrifft, sowie den Punkt des Aufmarsches, so bin ich heut noch der Ansicht, daß Hoenig hier überall das Rechte traf, und halte seine neuen Darlegungen für überzeugend, weil sie mit den Erinnerungen Schaumanns stimmen. Allein, Heft 25 bringt hier (Nr. 6 des Anhangs) einen anderen Gefechtsbericht Schaumanns bei, der durchaus das Gegenteil besagt und wonach er thatsächlich die steile Schlucht südlich des Dorfes passirt hat, was er 1895 ableugnete. Es ist ferner gewiß auffällig, daß Heft 25 plötzlich enthüllt, kurz vor 3 Uhr westlich Suzemont habe Schwartzkoppen den Befehl des Generalkommandos erhalten, sich sofort nach Tronville heranzuziehen, daß aber Schwartzkoppens eigener Bericht vom folgenden Tage sich schon 2½ Uhr südöstlich Suzemont aufmarschieren und vor 3¼ Uhr ans Generalkommando melden läßt, er werde über Ville sur Yron angreifen — also in genau entgegengesetzter Richtung zum obigen Befehl. Allein eine gewisse Unschlüssigkeit braucht noch kein Ungehorsam zu sein und in solcher Krisis jagen sich eben die Gedanken. Wenn Hoenig „die auffallende Thatsache" betont, daß Schwartzkoppen von keinem Kavallerieteil eine Meldung erhielt, so entlastet er ihn doch grade damit: die Unterlassungssünden der Kavallerie erzeugten solche Ungewißheit. Daß wir den Angriffsbeginn sehr richtig viel früher ansetzten, als das alte Generalstabswerk, das zeigt ja der Gefechtsbericht der Batterieen, wonach diese schon um 3 Uhr 5 Minuten „aufmarschierten". Nachdem um 3 Uhr vom Generalstabsoffizier der 5. Kavallerie-Divission an das Generalkommando gemeldet wurde, ein frisches französisches Korps sei gegen Bruville im Vorgehen begriffen, hat man von weiteren Meldungen nichts mehr gehört und Hoenig erbost sich mit Fug darüber, daß Heft 25 fabele, die Kavallerie habe Aufklärung „in trefflicher Weise" betrieben. In solchen Nebenurteilen steht Heft 25 freilich original auf eigenen Füßen, denn ich habe mit Hoenig die Reiterei für Schwartzkoppens Unsicherheit verantwortlich gemacht.

Hierzu sei nun gleich bemerkt, daß Hoenigs diesmalige, noch viel schärfere Verdammung des Generals zweifellos manches Richtige bezüglich seines anfangs unentschiedenen und konfusen Verfahrens enthält, aber doch nur in abstrakt theoretischem Sinne und vor allem erst durch den Gegensatz zu dem überaus rührigen einsichtigen Verhalten des Gegners, Ladmirault, den Hoenig früher gar nicht so besonders hervorhob, sondern erst jetzt nach meinen Lobhymnen auf Ladmirault! Hier aber stellen wir gleich folgendes Dilemma auf. Selbst dieser kluge und brave französische Korpsführer — dessen außerordentliche Verdienste wir noch in der Vorrede unseres Werkes „Zur Taktik und Strategie" erörterten — beging ja zweifellos einen scheinbar wundersamen Fehler, indem er nicht nach Vernichtung der 38. Brigade auf der ganzen Linie mit jetzt bereiten zwei Divisionen vorbrach, wodurch die Schlacht unfehlbar für Deutschland verloren gegangen und außerdem der angeblich geplante Abmarsch Bazaines für den 17. erzwungen worden wäre. Kein vernünftiger Mensch wird ihm aber einen

Vorwurf daraus machen, daß Ladmirault nicht ans Unmögliche und Unwahrscheinliche glaubte, daß ihm absolut nicht der Gedanke kam, die deutsche Einzelführung sowohl als die strategische Anordnung im Großen liege derartig im Argen, eine schwache Brigade weit vorn isolirt gegen die französische Rückzugslinie vorzuschieben, wozu kaum ein starkes Armeekorps hingereicht hätte!

Es ist daher ganz selbstverständlich, daß er das baldigste Nachrücken bedeutender deutscher Korps vermutete, wie es ja am 17. nachmittags thatsächlich eintrat — 12 Stunden zu spät —, und insbesondere aus dem Auftreten der Gardebragoner das Nahen des Gardekorps schloß. Außerdem hat ihn freilich der ungünstige Ausgang der Reiterschlacht für seine rechte Flanke besorgt gemacht, gleichzeitig aber — was Hoenig und Heft 25 übersehen — das erneute Vorgehen der 20. Division für seine linke Flanke am Tronviller Busch. Denn der springende Punkt der ganzen Affäre, warum die Schlacht nicht schon früher für uns verloren ging, liegt eben in einer Thatsache, welche die deutsche Auffassung geflissentlich verschweigt, respektive sie und ihre Tragweite noch nicht mal erkannte: Die von mir wiederholt betonte skandalöse Unthätigkeit der Divisionen Tixier und Aymard, welch letztere fast nicht*) und erstere (12. Regiment und I 100 in Reserve) nur mit 9 Bataillonen focht, wie ihre Verlustliste beweist. Die deutschen ersten 8 Bataillone im Tronviller Busch (24er, eins 20er, 4 Bataillone Lehmann) verloren 2000 Mann, Tixier nur 6—700, obschon offensiv. Und dabei focht sein Regiment 10 obendrein seitwärts gegen unsre 6. Div., ebenso Teile von 9. Chasseurs und 100. Regiment!

Daraus mache man sich ein Bild, was erfolgt wäre, wenn Tixier und Aymard — auch Nayral stand bis 3½ Uhr in dieser Richtung, ebenso sollen 8 Batterien des Korps Leboeuf vor St. Marcel gefeuert haben, dahinter 44. Regiment Aymards — ernsthaft vorbrachen! Begreift man denn nicht, daß der erstaunlich geringe Patronenverbrauch der Rheinarmee an diesem Tage (1½ Million, während sie am 18. doch 2½ Millionen Patronen verschoß), während ihre Artillerie relativ bedeutender wirkte als am 18., den Schlüssel zur wahren „Wahrheit über Vionville-Mars la Tour" liefert? Sie beschränkte sich auf scharfe Defensive (Artilleriefeuer) und Bazaine untersagte förmlich (Ordre an Canrobert nach 3 Uhr, ebenso an die Rechte) jede Offensive, hielt all seine Reserven derart zurück, daß der größte Teil der Infanterie keinen Schuß that. (Das deutsche III. Korps heute 720 000 Schuß, das XII. bei St. Privat 1 115 000!) Nun wohl, so lange der Tronviller Busch links östlich in deutschen Händen blieb — und ganz ist er nie geräumt worden, wie wir heute

---

*) Es sollen an das 4. Regiment Tixiers nur 2 Bataillone des 80. Aymards sich angeschlossen haben.

wissen —, konnte Labmirault an entscheidendes Durchbrechen über Mars la Tour nicht denken, selbst wenn seine Reiterei rechts westlich gesiegt hätte. Er ist völlig gerechtfertigt, und es zeugt von allgemeiner Begriffsverwirrung, wenn man sich weigert, die offenbarsten strategischen Fehler des Großen Hauptquartiers rügen zu lassen, dagegen von einem Korpsgeneral in der Aktion sozusagen Allwissenheit oder genialste Energie verlangt! Was aber dem Einen recht, ist dem Andern billig. Weil Schwartzkoppen sich auf das gleichzeitige Vorgehen der 20. Division rechts von ihm und der 5. Kavallerie-Division links von ihm verließ — auf letzteres geht Hoenig gar nicht ein und Heft 25 schweigt schonend —, so ist er genügend entschuldigt, im Drange so jäher Entschlüsse in völlig unklarer Lage, in die ihn doch nur die allgemeine strategische Zerfahrenheit der obersten Leitung versetzt hatte.

Ich sage daher: Man weiß sehr wohl, warum man Schwartzkoppen möglichst zu decken sucht; nicht aus Pietät für sein unverschuldetes Unglück, sondern weil strenge Logik — vor der sich auch Hoenig noch fürchtet — seine historische Verurteilung sofort bis in die oberste Instanz fortsetzen müßte! Es versteht sich von selber, daß Heft 25 hiervon noch weniger ahnen und durchblicken läßt, als das alte Generalstabswerk. Wenn ich übrigens schrieb, was Hoenig jetzt aufgreift, die 1. Gardedragoner hätten, besser auch nach links gehört (zur Gardebatterie Planitz), so muß er doch selbst zugeben, daß die Verziehung nach rechts durchs Generalkommando angeordnet wurde, Schwartzkoppen hingegen rechtzeitig die ihm allein noch zur Hand befindliche Schwadron 2. Gardedragoner gegen's Yronthal entsandte. Wenn aber weder die Gardedragoner, noch die so lange mittags bei Bruville plänkelnde Brigade Barby eine richtige Meldung, über die anscheinend großen Massen in Richtung auf Bruville, schickten — wie wiederum Hoenig zugiebt und andrerseits Heft 25 umsonst zu vertuschen sucht —, so trifft doch Schwartzkoppen nicht die Schuld!

Daß er schon von Suzemont (respektive Hannonville) auf Ville sur Yron b. h. in die Flanke Labmiraults stoßen wollte, wie Heft 25 auftischt, glauben wir gern, trotz Hoenig. Daß aber dieser isolirte Stoß oder das von Hoenig beliebte Losmarschieren auf die Höhe östlich von Bruville gar nichts genützt hätte, das wies ich eben nach und das hat gerade den Generalstab zu seiner neuen Auslegung ermutigt. Ja gewiß, Schwartzkoppen hätte dies und das korrekter machen sollen, aber das Thema lautet nicht: „Hat Schwartzkoppen musterhaft gehandelt?" sondern: „War der Sturm der 38. Brigade ein unsinniges und nutzloses, ja schädliches Unternehmen?" Und dies verneint und widerlegt zu haben, ist mein Verdienst, nicht das von Heft 25, das hinter mir herhinkt. —

Es stellt sich jetzt heraus, daß nicht 4, sondern gar 5 Bataillone

und 4 Batterien von Labmirault bei Greyère Ferme poſtiert
wurden. Meine Vermutungen über das ſpäte Auftreten ſeiner Artillerie wären hiernach zu korrigieren. Siehe jedoch ſpäter, wodurch dennoch meine Divination ſich bewahrheitet. Dagegen iſt
die franzöſiſche Reiterei ſeit 2 ³/₄ Uhr erſt „nach und nach" angelangt, ſo daß ich Recht hatte, ſie erſt ſpäter verſammelt zu
glauben. Umgekehrt heißt es im Befehl von Voigts-Rhetz an
Schwartzkoppen: „Vereinte Kavallerie-Diviſion auf dem linken
Flügel.. Ich werde Ihren Angriff durch vereinte Kavallerie
unterſtützen." Somit mußte Schwartzkoppen beruhigt über ſeine
linke Flanke ſein. Der Befehl iſt von 3 Uhr 23 Minuten. Nun
ſoll Schwartzkoppen vor 3 Uhr 15 Minuten gemeldet haben, er
werde über Ville ſur Yron angreifen; daß dies vor Empfang des
obigen Befehls geſchah, der 3 Uhr 45 Minuten eintraf, iſt ſo
ſelbſtverſtändlich, daß Hoenig ſich alle Controverſe ſparen konnte.
Wenn der Aufmarſch ſchon 2 ¹/₂ Uhr erfolgte, hätte Schwartzkoppen
ſomit 75 Minuten lang geſchwankt, wo er angreifen ſolle; nun
ja, man vergeſſe aber nicht, daß die braven Truppen „laufend
und ſpringend" dem Kanonendonner zugeeilt waren und ge-
höriger Erholung bedurften. Übrigens würde hier wieder ein
Dilemma entſtehen: iſt die Angabe Scherff's (Schwartzkoppens)
und des Generalſtabs richtig, daß man weſtlich Mars la Tour,
näher an Suzemont, aufmarſchirte, ſo hätte man freilich zum Angriff nachher viel mehr Marſch gebraucht, da man doch ſpäter ſogar ſüdöſtlich des Dorfes vorgehen mußte, zum wenigſten mit
I und F 57 und F 16. Iſt hingegen der Aufmarſch laut Hoenig
und Schaumann ſüdweſtlich Mars la Tour, das Dorf dicht in
der linken Flanke, Front nach Oſten, erfolgt, ſo müßte es eben bedeutend ſpäter geweſen ſein und Schwartzkoppen hätte auf
„2 ¹/₂ Uhr" richtiger die Ankunft bei Suzemont ſetzen ſollen,
ſtatt des ominöſen „Aufmarſch." Wenn er aber während der
Truppenraſt eine ſtarke halbe Stunde überlegte und auf Befehle
rechts von Tronville oder Dragonermeldungen links vom Yron
her wartete, ſo wird man in ſolcher Kriſe ihm das doch nicht
verübeln dürfen! Ich folgere daher das genaue Gegenteil wie
Hoenig: Der geſchmähte Schwartzkoppen hat trotz mangelnder
Aufklärung die feindliche Flankenſtellung geahnt und daher
den ſehr gewagten Vorſatz erwogen, nun doch noch ſeitwärts
ernſtlich auszuholen,*) verkannte aber nicht die Gefährlichkeit und

---

*) Allerdings wäre dies ſinnlos geweſen, wenn er ſchon ſüdweſtlich
Mars la Tour ſtand, und man begreift jetzt, warum ſo krampfhaft dabei
geblieben wird, man ſei weſtlich bei Suzemont „aufmarſchiert," was wohl
richtiger heißt: „über Suzemont anmarſchiert." Nicht alſo die Meldung
Schwartzkoppens, obſchon ſie ſchriftlich nicht vorliegt, iſt für nachträgliche
Erfindung von Heft 25 zu halten, ſondern dieſe Anfrage ans Generalkommando iſt ſehr glaubwürdig: nicht aber daß der Befehl Voigt-Rhetz

fühlte sich daher seelisch erleichtert, als ihn der Befehl Voigts-Rhetz an östliche Anlehnung band. Als er aber die Batterien Goltz und die 20. Division zu seiner Rechten sah, zog frohe Zuversicht in seine Seele ein, daß diese Unterstützung rechts ihm, links durch Barby gedeckt, schrägen Frontangriff gegen die Höhe östlich von Bruville gestattet werde. Den Angriff als solchen aber, ganz abgesehen vom strikten Befehl: „Ihr Angriff auf den feindlichen rechten Flügel zu leiten, der hart drängt, um den unsern zu begagiren," halte ich für berechtigt: Defensive hätte in diesem Zeitraum die Franzosen nur ermutigt und ihnen Muße gegeben, die Schwäche des Gegners zu durchschauen. So führte ich schon in jener Schrift vor 2 Jahren aus. Endlich erkenne ich auch in obiger Befehlswendung insofern eine Entlastung Schwartzkoppens, als der „feindliche rechte Flügel, der hart drängt," doch sichtbarlich nördlich Tronviller Busch zu suchen und auch hier ausdrücklich gemeint war: also Offensive gegen die Osthöhen von Bruville.

Auch vermag ich nichts Besonderes darin zu finden, daß der Divisionär in seiner seelischen Erschütterung „Rückzug auf Thiaucourt" befahl, nachdem nunmehr feststeht, daß ihm Voigts für den Fall einer Niederlage sogar schon morgens diese Richtung anwies, ebenso noch mittags dem Kommandeur der 20. Division. Wenn nach Schaumann aber Voigts sagte: „Es geht ja nicht schief!", so hat der Korpsgeneral eben nicht die Zertrümmerung der Brigade selbst vor Augen, solche seelische Einflüsse nicht zu überwinden gehabt wie Schwartzkoppen. Er sah nur, daß die Franzosen nicht nachdrängten, vernahm den „Sieg" der deutschen Reiterei, das furchtbare Leichenfeld selbst sah er nicht vor Augen. Uns scheint deshalb unnötig, daß Heft 25 sich abmüht, obige Thatsache in Abrede zu stellen; sie wird dem Andenken Schwartzkoppens nicht schaden. Im Übrigen bin ich weit entfernt zu verkennen, daß Hoenig geistreich und schlagend in all diesen Punkten seine Sache verficht, nur sonst Dinge herausliest, die ein klarer Kopf nicht billigen kann.

Auch sind die von ihm an Schwartzkoppen gestellten Anforderungen recht eigentümlich. Denn wenn er es z. B. unerhört findet, daß der schräge Angriff sich gegen die sichtbare französische Artillerielinie als Zielobjekt richten sollte als „äußersten Flügel" des Gegners, sintemal doch isolirte Artillerie nie einen äußeren Flügel bilden dürfe ohne als Deckung daneben gestaffelte verlängernde Infanterie, weshalb man die verdeckte Flankenstellung der Brigade Prabier bei Greyère Ferme habe erraten müssen, —

ihn noch bei Suzemont traf, vielmehr wird er den um $^1\!/_2$3 Uhr bei Suzemont erwogenen Gedanken schon selber fallen gelassen haben: deshalb Abmarsch längs Mars la Tour auf Tronville.

so vergißt er wohl ganz, daß deutscherseits gerade Artillerie den „äußersten Flügel" links bildete, nämlich die isolierte Garbebatterie Planiß! Nun, was bei den so korrekten Deutschen möglich war, warum nicht bei den Franzosen? Und die Meldung des Ritt= meisters von Heister, ein neues französisches Korps nähere sich, konnte doch unmöglich genügen, mit Bestimmtheit vorauszusehen — wie Hoenig verlangt —, daß solches Korps eine Längenfront vom Tronviller Busch bis Greyère Ferme zur Entwicklung be= dürfe! Denn erstens konnte die Meldung falsch sein, zweitens ist thatsächlich ja gar nicht das „Korps" zur Entwickelung gekommen, sondern im Augenblick, wo die Brigade ansetzte, standen nur 6 Bataillone Bellecourt östlich, 5 Bataillone Prabier westlich, da= zwischen eine große Lücke, die nachher Cissey füllte! Die Stellung Prabier konnte von Mars la Tour nicht eingesehen werden und derlei Überraschungen werden selten zu vermeiden sein, gewiß nicht, wenn die Reiterei nicht anständig aufklärt.

Nun aber zur Wahrheit des Gefechtsverlaufs! Hat denn die isolierte Flankengruppe Prabier wirklich geschadet? Sie hat es nicht. Denn zwei Kompagnien (5 und 6/16), sobald Oberst v. Brixen ganz rechtzeitig aus dem Schall des Feuers die Be= setzung der Gebüsche von Greyère wahrnahm, genügten, dorthin abgezweigt, um vorerst die Flanke zu decken, und wahrlich nicht diese ferne Feuer=Gruppe hat die 16er aufgerieben, sondern einzig die nahe Offensive von Cissey! Diese aber konnte doch kein Mensch voraussehen. Was bleibt also faktisch von dem ganzen schrecklichen Versehen Schwartzkoppens d. h. von dessen Folgen be= stehen? Nichts. Daß er keine Echelons hinterm linken Flügel hatte? Ja, warum ist denn F 16 so rasch als Centrum ein= doubliert? Dafür kann doch der Divisionskommandeur nichts! F 16 war ja entschieden als Reserve gedacht, die man so vor= wurfsvoll vermißt. Daß nachher im Centrum sich zu viel Com= pagnien aufstauten, die Flügel lose schwankten, hing mit dem feindlichen Kreuzfeuer auf den Flanken zusammen; in dieser Hin= sicht ist aber die von Hoenig bis zum Überdruß gerittene Stel= lung Prabier links viel weniger gefährlich geworden, als rechts das Seitenfeuer von der großen Höhe östlich Bruville, das ja doch die Brigade=Rechte immer und in jedem Falle hätte schmecken müssen. Nochmals: **nur** die rechtzeitige Ankunft und Tapferkeit der Division Cissey hat unsre Niederlage verursacht. Vielmehr hat meine frühere Behauptung, Brigade Bellecourt wäre sonst überrannt worden, durch Heft 25 überraschende Bestätigung ge= funden: Danach wurde die Artillerielinie zum Abfahren gezwungen, die 6. reitende Batterie beinahe genommen, 43. de ligne in Un= ordnung geworfen, die Spitze Cisseys — 20. Chasseurbataillon — mit sich fortreißend. Giebt es einen schlagenderen Beweis, daß der Sturm glücken konnte? Und wäre er geglückt, wie würde

dieselbe Kritik dann Schwarzkoppens rechtzeitige Initiative ge=
feiert haben! Meine Divination, daß die Reiterschlacht bei Ville sur Yron
viel früher stattfand, als das G.=St.=W. angab, hat nun Heft 25
dokumentär bestätigt. Schon 3 1/2 Uhr ward Befehl an die 5. Ka=
vallerie=Division ausgefertigt, „den feindlichen rechten Flügel zu
umfassen," erst um 4 1/2 Uhr soll sie sich aber nach Mars la Tour
in Bewegung gesetzt haben. Über die Gründe dieser Verzögerung
bringt Heft 25 Seite 29 Anmerkung unten nichts Ersprießliches
bei. Wenn aber Hoenig beweiskräftig Scherffs Behauptung, erst
während des Rückzugs der Infanterie sei Kavallerie=Brigade Barby
vorgetrabt, zurückweist, so mag ja dies wohl sicher falsch sein,
aber es kommen da wieder andere Bedenken. Erstens sind die
13. Dragoner weit vorausgewesen und wäre ja möglich, daß
dies die Schwabronen waren, welche Scherff selber damals an
Schwarzkoppen als „die 5. Kavallerie=Division" bezeichnet haben
soll. Zweitens ist der Ausdruck „Rückzug der Infanterie" so all=
gemein gehalten, daß er sich nicht auf die ganze Brigade zu be=
ziehen braucht, womit neuerdings meine Aufnahme beglaubigt
wäre, daß I II 16, früher an den Feind gelangend, auch früher
geworfen wurden; gerade diesen Rückzug aber hätte die hier her=
umtrabende Kavallerie bemerken müssen. Drittens stimmt die
auch von Hoenig adoptierte Angabe, erst 4 3/4 habe Schwarzkoppen
den Angriffsbefehl erlassen — dies wäre also der Zeitpunkt, wo
die Spitzen der 5. Kavallerie=Division südlich Mars la Tour vor=
übertrabten — mit seiner Angabe, Regiment 57 habe sich schon
um 4 Uhr in Bewegung gesetzt, absolut nicht überein. Nun beharrt
er dabei, daß die 57er anfangs im ersten Treffen standen, und
macht damit den Eindruck der Wahrheit, um so mehr die mit
Hoenig übereinstimmende Stizze im Generalstabswerk und jetzt
die neue in Heft 25 sich auffallend widersprechen. Nach letzterer
— d. h. zwei Jahre nach Erscheinen meiner Schrift*) —
werden II I 16 als erstes Treffen angenommen. Ob nun diese
laut Hoenig „hinter den 57ern weg auf Mars la Tour ab=
schwenkten" oder laut Heft 25 „im ersten Treffen . . halblinks
abschwenkten," jedenfalls soll es „kurz nach 4 Uhr geschehen sein."
Nun sagt aber Schaumann, daß er schon um 4 Uhr nordöstlich
des Dorfes ins Feuer ging, auch bestätigt Heft 25 Nr. 6 Anhang,
daß gleichzeitig die Spitze von I 16 schon eine der beiden Bat=
terien vorausfuhr: Demnach muß I 16 und Hälfte von II, die

---

*) Allerdings beruft sich das Generalstabsheft S. 26 darauf, daß die
officiellen Gefechtsberichte der Bataillone es alle so angeben, warum hat
denn aber das alte G.=St.=W. das Gegenteil gesagt und bisher niemand
widersprochen? Nein, durch die Logik meiner Beweisführung, daß 16
viel früher angegriffen haben müsse als 57, ist augenscheinlich dies neue
Bedürfnis erst erwacht und gestärkt.

nicht durch das Dorf aufgehalten worden, schon 4 Uhr seit=
wärts nordwestlich im Avanliren gewesen sein.*) Allerdings
meldet Gefechtsbericht der 5. Schweren Batterie: „4 ¹/₂ Uhr Feuer
gegen feindliche Batterien bei Bruville" und der 2. leichten gar
erst „4 Uhr 40 Minuten" Abgabe der ersten vier Schuß. Auch
wird auf S. 38 Anmerkung des Generalstabshefts dies als richtig
bezeichnet. Das würde höchstens beweisen, daß Schaumann aus
dem Gedächtnis die Eröffnung seines Feuers — absichtlich oder
unabsichtlich — mindestens eine halbe Stunde zu früh ansetzte,
beweist aber noch nichts für die Angriffszeit der Brigade. So=
wohl von Hoenig als von Scherff wird Gewicht darauf gelegt,
daß man 4 ¹/₂ Uhr die 20. Division gegen Tronviller Busch vor=
gehen sah; bei Hoenig aber klingt es deutlich so, daß dies beim
Regiment 57 schon während des Avancirens beobachtet wurde
und deshalb den Mut hob. Da nun Hoenig versichert, Caprivi
habe alle Niederschriften über den 16. August beim General=
kommando verbrannt, „weil sie unlösliche Widersprüche ent=
hielten." so wird man gestatten, daß wir den verschiedenen über=
lieferten Zeitangaben weniger Glauben beimessen, als unsrer ei=
genen divinatorischen Abmessung des Wann aus dem Wie und
Warum des Schlachtverlaufs. Wir wollen jedoch zuerst noch
Hoenigs Einwürfen folgen. Heft 25 läßt Schwarzkoppen be=
fehlen: gegen die Artillerielinie „in einem Treffen mit vor=
vorgenommenen linken Flügel vorgehen," wie ich aus Ge=
fechtsverlauf als selbstverständlich annahm. Darnach war letzterer
sogar um 500 m voraus, also weit mehr, als ich nach Hoenigs
„Zwei Brigaden" annahm. Nun weist Hoenig mit logischer
Schärfe den Widerspruch nach, in dem sich Heft 25 bewegt, indem
es einmal als Angriffsziel „die Batterien links Tronviller Wald=
spitze," ein andermal „die Batterien auf Höhenrücken 857 und
die Tronviller Waldecke" nennt. Genannte Höhe der Karte ist
aber die vielgenannte Höhe nordöstlich Bruville und Tronviller
Waldspitze und diese Artillerielinie ist — was Hoenig nicht
deutlich genug sagt —, total verschieden von der andern des
Korps Ladmirault nördlich der Greyereschlucht!! Nun betont aber
Hoenig die auffallende Wahrheit nicht klar, daß beide sich wider=
sprechenden — angeblichen? — Befehle ausgeführt wurden:
16 griff wirklich nordwestlich den Artillerieflügel nach Greyère
Ferme an, 57 ging wirklich gegen die Tronviller Nordwestbüsche

---

*) S. 39 des Hefts bestätigt dies offenbar. Es geht jedoch daraus
hervor, daß ursprünglich I II 16 beide östlich des Dorfes vorgingen,
somit Schaumanns Mitteilung, Schwarzkoppen habe „Angriff auf beiden
Seiten des Dorfes" gesagt, nicht buchstäblich zu nehmen sei. Erst durch
Brizens Entsendung von 5, 6/16 nach Nordwesten zog sich allmählich der
Radius strahlenförmig auseinander, so daß beim ersten Vorgehen keinen=
falls 16 und 57 in einer Linie avancirten.

und Höhe 857 vor!! Woraus klar ersichtlich, daß meine Auf=
fassung die einzig richtige — nämlich der Angriff unwillkürlich
strahlenförmig auseinanderging, d. h. zwei herumschwenkende ge=
trennte Flügel ohne Centrum, die erst durch das doppelte
Flankenfeuer des Gegners zusammenfluteten. Es kann somit nicht
durch allerlei Schnörkel die klare Thatsache verwischt werden, daß
acht Kompagnien 16er schon „150 Schritt" nördlich der Schlucht
fochten, als die 57er noch kaum den Südrand erreichten. Rechnen
wir nur 5 Minuten Halt am Südrand, so würden bei räumlich
längerer Rückzugsdauer die 57er etwa um 5 Uhr 10 Minuten den
Rückzug angetreten haben, falls wir 5³/₄ mit Attale der Garde=
dragoner als Endmarke setzen. Da sie ferner einen längeren
Bogen nach Nordosten zu umschreiben und dabei eine große
Schwenkung zu vollführen hatten, so kann ihr Angriff unmög=
lich später als 4¹/₂ Uhr begonnen haben, wahrscheinlich aber
früher. Woraus sich ergiebt, daß die Angabe „4³/₄ Uhr" für den
Angriffsbefehl Schwartzkoppens ein Schreibfehler oder absicht=
liche Entstellung sein muß. Es könnte höchstens so gemeint sein,
daß er persönlich den 57ern, bei denen er sich anfangs befand,
während des Vorgehens noch einen besonderen Befehl gegeben
habe. Nun mußte aber I II 16 naturgemäß mindestens eine
Viertelstunde früher an den Feind gelangt sein, da sie sich „un=
gefähr eine Viertelstunde" am Nordbrand hielten — nach anderen
Zeugnissen im Anhang von Heft 25 sogar 20 Minuten —, außer=
dem kostete das Überklettern der Schlucht und weitere Vorbrechen
ihrerseits unter feindlichem Feuer doch auch noch erhebliche Zeit
und der von ihnen durchmessene Raum war geradeaus länger,
außerdem haben sie noch eine Rechtsziehung gemacht (sich der
Mitte zu nähern und dem westlichen Flankenfeuer zu entziehen)
— somit sind sie spätestens 4 Uhr 50 Minuten geworfen worden,
gelangten spätestens 4 Uhr 30 Minuten an den südlichen Rand
nnd müssen daher gleich nach 4 Uhr aus Mars la Tour vor=
gebrochen sein. Schaumann erklärt zum Überfluß, er habe die
Rechte erst ihren Rückzug beenden sehen, nachdem er schon mehr
als 30 Minuten westwärts bei der linken Flanke die Trümmer
mit der 2. leichten Batterie deckte. Dies wäre also eine noch
größere Differenz und die 16er müßten dann schon rund 4¹/₂ Uhr
geworfen sein, was wohl nur für die 6. Kompagnie zutrifft.
Doch behauptet Schaumann ja von Versprengten in Mars la
Tour die Kunde von Brizens Tod erhalten zu haben, vor seinem
Ausflug mit der 2. leichten Batterie; Brizen aber fiel nachweis=
lich erst auf dem Rückzug! Das sind unlösliche Widersprüche zu
Heft 25 und Hoenig, der früher auf diesen Punkt überhaupt kein Ge=
wicht legte, fängt kaum jetzt an, Unwahrheit zu wittern, läßt die un=
sinnige Angabe „4³/₄ Uhr Angriffsbefehl" unangetastet! Aus Obigem
geht klar hervor, daß die Angaben Schaumanns über sein Feuer=

eröffnen richtig, bie feiner Batteriechefs (fiehe früher) falsch sind,
ich also mit meiner Auffassung Recht behalte, baß man bie ganze
hiftorische Action um eine Stunde zu spät ansetzte, baß nicht
zwischen 5 und 6, sondern 4 und 5 Uhr ber Sturm und ber
Nahkampf vorfielen. Bezüglich ber Reiterschlacht hat ber General=
stab ja schon bie Segel gestrichen und als seine Entbeckung los=
gelassen, was ich in meiner Broschüre bezüglich ber Zeit gesagt
hatte. Da bleibt es aber ein Rätsel, wie Heft 25 schreiben kann,
6/16 sei erst „5 1/4 Uhr nach Mars la Tour zurückgeströmt," während
sich schon „vor 5 1/4 Uhr" aus F 16 eine „schwache Reserve" an
ber bekannten Hecke südlich ber Schlucht bildete. Mit Recht
spottet Hoenig, baß Heft 25 sich erst rühme, ben zeitlichen Ver=
lauf „in ungewöhnlich genauer Weise" ermittelt zu haben, gleich
bahinter aber nur vom „wahrscheinlichen" rede. Hat man, wie
biese konfuse Generalstabsarbeit zugesteht, schon um 6 Uhr beim
Stab Alvenslebens gewußt, baß Schwartzkoppen geworfen sei, und
ist laut Hoenig „nach 5 3/4 Uhr" schon ber Brigaberest vereint
gewesen, so sind ja alle meine Zeittermine noch zu spät an=
genommen! Wenn hingegen um 5 1/4 Uhr eine Reserve ausschied,
also bamals ber Kampf noch aufs heftigste tobte, so konnte nach
Abschätzung ber Entfernung schwerlich vor 7 Uhr Alvensleben
über ben Rückzug „Nachricht erhalten." Mit meiner Auffassung
becken sich auch bie französischen Berichte, wie wir gleich zeigen
werden. Nichtsbestoweniger bleibt noch eine Möglichkeit, um
eine annähernde Gleichzeitigkeit ber beiden Regimentskatastrophen
zu retten. Das alte G.=St.=W. hatte gesagt, baß zuerst bie Linke
ben Rückzug antrat, ber jetzige Generalstab sagt umgekehrt bie
Rechte. Was Hoenig im Anhang VI bagegen ausspielt: Be=
obachtung eines Verwundeten, wäre noch nicht entscheidend; eine
gewisse Gleichzeitigkeit bes Vorstoßes von Westen (Cissey) und
„erst später" aus Osten geht jedoch baraus hervor. Dies ließe
sich lediglich so verstehen, baß bie 16er noch länger sich behauptet
haben, als man annimmt.*) Doch von biesem Gefecht will
Hoenig nun mal nichts wissen! Er bezweifelt — trotz über=
einstimmender französischer Berichte — bie Wirkung bes Zünd=
nabelfeuers und erzählt von Offizieren, bie ihm versichert haben
sollen: „Nur Ihre Artillerie hat uns zerschmettert," zitiert aber
äußerst unglücklich aus Lebeuil b'Enquin. Denn erstlich konsta=
tiert biese Quelle, bas Feuer bes 57. de ligne sei anfangs äußerst
schwach gewesen, weil es unentwickelt in Bataillonsmassen
stand. (Wie banach Heft 25 von „Entwickeln" ber Brigade Gol=
berg reden kann!) Die deutschen Tirailleure „schossen in bie
Masse hinein, alle Schüsse trafen." Zweitens lese ich keineswegs

*) Ein Leutnant von 2./16. hat „guten Grund zu ber Annahme, baß
wir minbestens 20 Minuten, wenn nicht eine halbe Stunde auf ber
Bruviller Höhe gefeuert haben."

aus dem andern Zitat, daß nur die deutschen Granaten wirkten, vielmehr mischt sich ausdrücklich „un sifflement de balles" (Ge= wehrkugeln) den Granatexplosionen. Weil die Franzosengräber nördlich der Schlucht angeblich zu weit von der äußersten Grenze des Angriffs liegen,[*]) sollen die dort Beerdigten „fast ausschließ= lich" oder „größtenteils" vom deutschen Artilleriefeuer herrühren! Also weil auf 400 m das Zündnadel nicht gut wirkte, sollen wir deshalb annehmen, daß Artillerie damals schon auf 2800 m Alles „zerschmetterte!" Wenn so, dann könnten nur die 2 Batterien Schaumann, besonders beim letzten Vorgehen der Batterie Lancelle, dies geleistet haben, niemals die entfernten und an der Großen Straße bleibenden 4 Batterien Goltz, die wohl ab und zu — besonders 5. und 6. leichte in ihrer späteren Stellung — nach Bruville gefeuert haben mögen, im Übrigen aber sich mit der feindlichen Artillerie nördlich Tronviller Busch herumschossen. Warum hat übrigens dann die Artillerie Labmirault so geringe Verluste gehabt, gegen die Schaumann lange allein ein Duell führte, nach dessen eigener Aussage? Höchstens 25 % des fran= zösischen Verlustes kam 1870 auf deutsche Artilleriegeschosse, und nun soll gerade hier an denkbar unwahrscheinlichster Stelle das Umgekehrte zutreffen? Allzu durchsichtig wird aber seine Be= rechnung S. 83, wonach — man höre und staune! — die Fran= zosen bedeutend mehr durchs Feuer der 2 Bataillone 57er, als der 3 Bataillone 16er gelitten hätten! Und dabei die Gräber nördlich, die nur in Richtung der 16er liegen! Die Behauptung, daß 1. de ligne und 20. Jäger (gegenüber I 16) nur gegen die 57er fochten, ist ebenso haltlos, wie die, daß 43. zugleich gegen I 16. und 57. focht, während es nur vom 16. geworfen wurde, ebenso die 20. Jäger! — Bezüglich der französischen Artillerie be= halte ich im Wesentlichen Recht, denn nur 24 Geschütze sind beim Hauptkampfe verwendet worden, nämlich zwei Eisseys (5. und 9. des 15. Artillerieregiments) westlich der Straße nach Bruville, Mitrailleusenbatterie und eine reitende der Korpsreserve östlich davon.

Obschon Hoenig das bekannte, schon mal von Kunz an= gezogene Urteil Lehautcourts gegen die historiques (Regiments= geschichten) zitiert, erscheint mir nun manches von Heft 25 Her= ausgezogen lehrreich; auch fließt Dick be Lonlay nicht gerade als trübe Quelle. So hat er z. B. den wertvollen Fingerzeig, daß dort, wo die Reitende Batterie östlich der Straße focht, eine Hecke lag, welche deutschen Granathagel auffing: dort liegt heute ein Massengrab mit mehreren hundert toten Franzosen, zugleich aber erfährt man, daß dort das 57. Regiment einrückte, gegen

---

*) In dieser Richtung aber 'stand das 6. de ligne in Reserve und sein Bericht sagt „in einem Regen von Kugeln." Also!

das gerade das Feuer der 16er — siehe oben — so wütete. Übrigens
geht ziemlich deutlich aus Anlage von Heft 25 (S. 111 Anmerk=
ung) hervor, daß die Gräber keineswegs genau der Stelle zu ent=
sprechen brauchen, wo die Gefallenen lagen, weil die Einwohner
von Bruville erst im Laufe des 17. nach Belieben beerbigten.
In den Gräbern am östlichen Nordrand Nr. 164—66 liegen üb=
rigens auch 57er und die sollen doch laut Hoenig nie drüben
gewesen sein, auch liegen hier nur 82 Deutsche, aber 180 Fran=
zosen, also war das deutsche Feuer hier doppelt so mörderisch,
was Alles Hoenigs Meinung widersprechen würde. Auch seine
Verteidigung S. 69 bezüglich Patronenverbrauch halte ich nicht
für glücklich, denn Leutnant Warendorf giebt doch für 1./57 zu,
daß man „beinahe die Taschenmunition verschoß“ und für 2./57.
sollen „10 Patronen“ auf den Mann kommen. Das ist ja schon
viel mehr, als ich angenommen hatte! Außerdem sollen laut Nr.
46 des Anhangs bei 9. 11. 12./57 bis zu 20 und mehr Schuß
pro Kopf entfallen sein und beim 16. Regiment soll die Vorder=
linie sich gänzlich verschossen haben, im Einzelnen werden 30—
40 Schüsse angegeben, abgesehen vom Weiterschießen mit Ge=
wehren und Munition der Gefallenen. „Es wurde so viel ge=
schossen, daß die Gewehre anfingen zu verschleimen.“ Am 17.
mußte die Taschenmunition der Toten und Verwundeten ver=
teilt werden, die 2. Munitionskolonne verausgabte 150000 Patronen,
wovon doch sicher ein sehr erheblicher Teil auf die 38. Brigade
kam. Es hilft Hoenig Alles nichts, er wird sein hartnäckiges
Leugnen des deutschen Feuers und seiner Wirkung endlich auf=
geben müssen.

Das Mustergültige Ladmiraultischer Führung vervollständigt
sich jetzt durch die neuen Züge, daß er schon früh die Korps=
artillerie in Bewegung setzte (gegen 10 Uhr) und selbst mit 2 rei=
tenden Batterien nach Greyère Ferme vorauseilte. Nach 3 Uhr
gingen letztere jedoch ostwärts zurück, während die übrige Korps=
artillerie und die voraufgeeilte Cissey's nordöstlich von Bruville
an die Artillerie Leboufs anschlossen, welch letztere „in sehr be=
schränktem Maße“ das Gefecht Canroberts (der bekanntlich nur
36 Geschütze hatte) unterstützte. Bezüglich Artillerie Cissey
scheinen also Schaumann und Scherff richtig geahnt zu haben,
daß sie östlich auffuhr, obschon keineswegs in Grenier ein=
doublierend; ebenso sagte ich aber richtig, daß Cissey sich wohl
schwerlich seiner Artillerie so entäußert haben werde, denn es er=
giebt sich jetzt, daß er sie alsbald zu sich zurückrief, worauf sie
westlich der Bruville=Straße in Stellung ging. Ebenso irrte ich
nicht, daß vorm Angriff der 38. Brigade die französischen Reiter=
massen noch nicht gefechtsbereit waren, denn diese saßen that=
sächlich ab und lagerten; 11. Dragoner waren als Artillerie=
bedeckung zurückgeblieben. Ferner hatte ich Recht, Hoenig zu

beftreiten, daß Grenier fchon 2 Uhr fich der Nordweftede des Tronviller Bufches bemächtigt habe, es war 3 Uhr. Auch find feine Batterien nie fo weit gelangt, daß nachher, wie Hoenig fchrieb, die Batterien Golß auf gleicher Stelle geftanden hätten. Die Artillerie aber hatte zwar feit 3½ Uhr thatfächlich 72 Stüd zur Stelle, aber das ändert nichts an meiner Auffaffung, denn 24 Korpsartillerie feuerten dauernd nur gegen Bionville und Tron= viller Bufch, 12 Grenier vollends find angeblich bis Doncourt zu= rüdgegangen und zwar mit 5. Chaffeurs*) und I 64, wodurch alfo die Gefechtstraft gegen 38. Brigade wiederum um 1200 Ge= wehre fchmolz. (Da ferner II III 64 zu Regiment 98 nach Greyère Ferme gezogen wurden, wo diefe 5 Bataillone nur 450 Ge= wehre 5, 6/16 gegen fich hatten, verminderte fich Greniers Schlucht= befeßung auf ca. 3500 Gewehre, welche alfo die 38. Bri= gade recht wohl hätte überrennen tönnen. Womit neuer= dings meine Thefe bewiefen, daß nur der Gewaltmarfch Ciffeys, der feine eigne Artillerie überholt haben foll, die Rataftrophe herbeiführte, d. h. teine Fehler der Deutfchen, fondern befondere Tüchtigteit der franzöfifchen Führung.) Jene beiden Batterien Greniers fcheinen von 5. 6. leichte Golß angeblich niedergetämpft zu fein, ohne Befehl Ladmirauls „verfchwinden" aber 12 Gefchüße 1200 Gewehre nicht rüdwärts. „Gegen 4½ oder 5 Uhr" dürfte dies (Nr. 4 Anhang des Heft 25) zwar nicht erft gefchehen fein, aber es zeigt doch, daß dies Gefecht Greniers weftlich Tronviller Bufch viel fpäter ftattfand, als Hoenig annahm, und wahr= fcheinlich erft turz vorm Angriff der 38. Brigade endete, nämlich nach Vordringen der 79er im Bufch. Womit alles diesbezüglich von mir früher Gefagte bewiefen wird, daß Schwarßtoppen teinenfalls früher hätte angreifen tönnen. Auch wird fo ertlärt, warum fein Angriff die Brigade Bellecourt förmlich überrafchte, die bei langfamem Zurüdgehen immer noch Front nach Süd= often hatte, daher erft im Lauffchritt den Nordrand des Oft= teils der Schlucht taum befeßte. Deshalb auch die Unordnung und Panit beim 43. de ligne, das der erfte Stoß traf, während I III 13 öftlich gegenüber Tronviller Bufch überhaupt nur durch Fern= feuer eingriffen. Woraus fich ferner meine Annahme bewahrheitet, daß dies Fernfeuer gar nicht fo „maffenhaft" und bei feiner Überftürzung nicht entfernt fo wirtungsvoll war, wie die Legende will. In der Ausfage Ladmirauls „Ich hatte die Ab= ficht, meinen Angriff" (den gefährlichen fchrägen Angriff gegen Tronville) „wieder zu beginnen, als ich eine Kolonne fah, die mich in der Flante faffen wollte. Ich hatte noch Zeit,

---

*) Nur eine Kompagnie blieb an der Schlucht, allen bisherigen An= nahmen entgegen. (Die 5. Chaffeurs hatten übrigens, wie ich fchon früher angab, am 14. anfehnlichen Verluft gehabt.) Siehe jedoch Rouffet.

meine Artillerie und Infanterie nach den Höhen jenseits über die Schlucht zurückzuführen," sehe ich die vollkommenste Ehren= rettung Schwartzkoppens. Der Gegner selbst bescheinigt, daß man ihn in der Flanke fassen wollte, und er knapp Zeit hatte, sich aus der Schlinge zu ziehen: somit war damals nicht die Bruviller Höhe, sondern die diesseits vorgeschobene Stellung Greniers das zu flankierende Objekt. Zugleich glaubte sich Labmirault durch die anrückende 5. Kavallerie=Division bedroht und befahl vor 5 Uhr: „Gesammte Kavallerie attakieren!" Warum den 3 Schwadronen Chasseurs b'Afrique nicht auf diese bestimmte Ordre hin die andern 5 Reiteregimenter folgten, blieb ebenso unermittelt, wie die anscheinend völlige Unthätigkeit der 2 reitenden Batterieen bu Barails. Jedenfalls geht daraus hervor, daß die Reiterkämpfe schon während des Angriffs der 38. Brigade begannen, wie ich früher behauptete, wodurch wiederum Schwartzkoppens angebliche Vernachlässigung seiner Flanke entlastet wird. — Nach Heft 25 wären 2 Batterien Cissey um 4 1/2 Uhr gegen die Gardebragoner= batterie aufgefahren, mit dem Zusatz: der Gefechtsbericht des 15. französischen Artillerieregiments setze alle Zeitangaben eine Stunde zu früh an. Dieser sagt nämlich 3 1/2 Uhr, es ist dies aber doch eigentümlich und darf man nicht so leicht darüber weg= schreiten, wenn man die offenbare Unsicherheit der deutschen Zeit= angaben bedenkt. Die „Batterien in ihrer rechten Flanke," welche die mittlere Batterie Cisseys am Rande der Bruviller Straße be= kämpft haben will, können nur die Schaumanns sein, da ja Cisseys äußere Batterie ausdrücklich als allein gegen die Gardebatterie feuernd bezeichnet wird. Die Mitrailleusenbatterie Greniers und die 2 Reitenden Korpsartillerie feuerten östlich gegen die große Straße. Dies sind offenbar die „3 Batterien" gewesen, die Schaumann erwähnt, während die früheren 2 jene der Korps= artillerie auf der Bruviller Höhe waren. Da nun allmählich 6 Batterien X. Korps östlich Mars la Tour und 2 Schaumann nordöstlich feuerten, so hatte die deutsche Artillerie entschiedenste Überlegenheit und kann daher die französische Artillerie absolut nicht dauernd gegen die 38. Brigade gewirkt haben, mit Aus= nahme der schon erwähnten 4 Batterien zu Seiten der Bruville= straße. Hier wichen sämmtliche Batterien, auch die reitenden der Korpsreserve, dem Anprall. Die Mitrailleusen Cissey, die am läng= sten ausharrten, erhielten nur durch Gewehrfeuer Verluste, und da diese Artillerielinie aus Mars la Tour nicht zu sehen war, so hat sich gewiß keine deutsche Granate hierher gerichtet, womit Hoenigs bewußte Ausflucht hinfällig wird. — Wenn er übrigens die historiques als unlauter ablehnt, warum nimmt er denn deren Verlustlisten zur Grundlage?! Die von mir ein= gangs mitgeteilte Beweisführung, warum die offizielle Korps=An= gabe allein Glauben verdient, klingt gewiß geistreicher, aber Heft 25

hat anscheinend einen wichtigen Beitrag geliefert: daß nämlich
726 Franzosen in Bruville beerdigt wurden. Uns scheint aber
nicht anzunehmen, daß der abnorm hohe Totenprozentsatz der
38. Brigade auch auf den Gegner anwendbar sei, somit sind
ganz sicher 2—3 mal so viel Verwundete anzunehmen. (Siehe Anhang.)
Heft 25 kommt zur erstaunlichen „Schlußbetrachtung," Regi=
ment 16 sei „in gleicher Front" mit Regiment 57 „ihm nur um
Weniges voraus, zum Angriff angetreten." Der Ausdruck „gleiche
Front" kann doch unmöglich ernstgemeint sein, denn eine schräge
Front ist doch keine „gleiche," wie selbst das Kroki Scherffs von
1882 klar barthut. „Um ein Weniges voraus" ist ein unklarer
Ausdruck und selbst beim geringsten Vorsprung hätte 16 doch not=
wendiger Weise viel früher an die Schlucht gelangen müssen, ja
schon bei absolut gleichzeitigem und räumlichem Zusammenhang,
da 16 die vorgeschobene Phalanxspitze, 57 sozusagen den „ver=
sagten" Flügel à la Leuthen bildete. Es ist daher für die Haupt=
sache auch völlig belanglos, ob 16 so schräg nordöstlich schwenkte,
daß selbst seine äußerste Linke (7, 8 II) „nur östlich der Bruviller
Straße focht," so daß zwischen ihr und 6. Komp. eine Lücke von
800 Schritt klaffte. Dies stetige Rechtsschwenken ist ja sogar
vom Brigadekommandeur als Fehler, also nicht als gewollt
bezeichnet worden, wie Heft 25 S. 73 ganz naiv bekennt, ohne
die Logik davon zu ahnen. Denn natürlich sind die 16er immer
mehr rechts geschwenkt, um sich dem Feuerbereich von Greyère
Ferme zu entziehen und weil die vorher nicht deutlich erkannte
Artillerie Cisseys östlicher stand. Allein, deren Hälfte stand
immerhin westlich der Bruviller Straße und man wird wohl
zweifeln dürfen, ob 7, 8 II wirklich an diesen 12 Geschützen vor=
bei nach Osten schwenkten! Vielmehr wird anfangs die direkt
nördliche, ja nordwestliche Richtung von 5, 6 II auch von
der übrigen Angriffslinie geteilt worden sein und die Äußerung
Schwartzkoppens, er greife „zu beiden Seiten des Dorfes" an,
läßt sich sofort retten, sobald man „westlich Mars la Tour" nicht
buchstäblich nimmt. Das Dorf liegt nämlich selber schräg und
sobald man aus der Ostspitze, welche daher die vorderste ist,
sich nördlicher entwickelt — wie es 16 doch schon aus Raum=
gründen thun mußte —, kommt man sozusagen in der Luftlinie
auf die Nordwestseite des Dorfes. — Viel bedeutsamer scheint es,
daß I 16 thatsächlich so überraschend vorstieß, daß 43. de ligne
flankirt und geworfen wurde, ebenso 20. Jäger, infolgedessen
auch die Korpsbatterien östlich das Weite suchten. Dies beweist
nochmals, daß der westliche Teil der Schlucht noch ganz un=
besetzt war, beim Überschreiten des Nordbrands die 16er daher
schon fast schräg in den Rücken Greniers an der Ostseite stießen:
somit ihr Angriff im denkbar günstigsten Augenblick geschah.
Als nun 1. de ligne Cisseys in vollem Laufen von der Bruviller

Höhe gegen die 57er vorstürmte, ist es offenbar gleichfalls von 16 in der Flanke gefaßt,*) daher sein' angeblicher Verlust, nicht aber durch die 57er, wie Hoenig gern möchte, mit köstlichem Widerspruch, da letztere laut ihm doch so gut wie gar keine Patronen verbrauchten! Als aber die 57er wichen, drang 1. de ligne nach Westen längs der Schluchtsohle vor und flankirte F 16, während ein Teil 57. de ligne gleichfalls hier umfaßte (Bericht Opterbek vom linken Flügel unsrer 57er) und ein andrer westlich der Bruviller Straße die Linke. Der Hauptstoß ergoß sich aber frontal gegen die standhaft feuernden 16er am Nordrand und gerade ihr Frontalfeuer scheint nicht so gewirkt zu haben, wie vorher ihr Flankenfeuer.**)

„Wie groß die instinktive Einmütigkeit im Verschweigen und Unterdrücken gerade der wichtigsten Geschehnisse ist, sobald diese unliebsamer Natur sind. Wiederum eine Mahnung, wie nötig es ist, der amtlichen Geschichtsschreibung nachzuhelfen," schreibt Hoenig.***) Gewiß sehr wahr, aber nicht ihm allein gebührt diese Rolle und nicht in seinen Mund gehört der bittere Ausruf: „Wer gelten will, soll Andre gelten lassen." Sein unerträglicher Dünkel, den er nur gegen „Seinesgleichen" — d. h. in Fehden mit Boguslawsky, Kunz, Natzmer, Scherff, Generalstab, deren eigenen Ton gegen Hoenig ich teilweise verurteilen muß — hinter eine gewisse vornehme Würde zu verstecken weiß, bricht in lichte Flammen aus, wenn er gegen geringere Sterbliche wie mich anonym seinen Schnabel wetzt. Doch ich habe es hier nur mit den Gelehrten des Generalstabs zu thun.

„Der Befehl zum Marsch auf das Schlachtfeld soll nach der zuverlässigen (sic) Geschichte des 15. französischen Artillerie-

---

*) „Das feindliche Feuer wurde stärker," wie die 20. Chasseurs berichten, ist so zu verstehen.

**) Das giebt doch sehr zu denken! Thatsächlich hat Cissey „unaufhaltsam und mit großer Wucht" (deutscher Bericht) zuletzt einen Bajonetstoß geführt, ohne sich durchs Feuer bis auf 60 Schritt hemmen zu lassen. — Lonlays Behauptung, das Zündnadelfeuer habe das 43. de ligne „der Länge nach bestrichen," hält Heft 25 für „nicht wahrscheinlich"? Nicht wahrscheinlich wäre aber das sofortige Weichen der Artillerie Cissey, wenn sie nicht flankirt wäre! Umgekehrt erklärt sich die Prahlerei der 20. Chasseurs, ihr Elan habe die „schon Fliehenden" vom 73. wieder fortgerissen, sehr leicht dadurch, daß sie den 16ern in die Flanke fielen, innerhalb der Schlucht. (Vergl. Nr. 30 Anhang.) Das furchtbare Feuer der 16er melden alle französischen Berichte, melden — ihre Verlustlisten.

***) Köstlich ist die Manier, wie Heft 25 die Aufzeichnungen Leutnant Twardowskis vom III. Korpsstab beliebig auslegt. „5 Uhr Mitrailleusenfeuer wird sehr heftig:" „Mitrailleusen Cissey eröffnen gegen 16. Regiment das Feuer." Ei, wir legen das aus: Mitrailleusen Grenier gehen mit 1. de ligne zum Angriff vor! „5 Uhr 5 Minuten starkes Infanteriefeuer:" „43. im Kampfe"? Nein „57. 73." im Kampfe! „5¼ Feuer wird schärfer:" Unsere 57er am Südrand? Nein! Verfolgungsfeuer Cisseys vom Nordrand!

regiments um 12 Uhr mittags eingetroffen sein." Weil diese „zuverlässige" Geschichte aber alle Zeitangaben „genau um eine Stunde zu früh" ansetzt, nämlich nach vorgefaßter Meinung der Generalstabshistoriker, so ist sie auf einmal nicht — zuverlässig. Nach obiger Geschichte nun ist die 15. Artillerie (Cissey) schon um 4 Uhr vor Regiment 16 gewichen. Und wenn ein früherer Bericht des 73. de ligne meldet, daß man um 3 Uhr auf dem Schlachtfeld ankam, so wiederholt dies das spätere historique. Wenn aber das des 6. de ligne umgekehrt sagt: Die Division langte 4 Uhr an, so wäre ja möglich, daß dies nur für dies am weitesten zurückbleibende Regiment gilt. Dem widerspricht jedoch, daß nach übereinstimmendem Bericht beide Brigaden gleichzeitig nebeneinander aufmarschierten und es heißt: „20. Jäger an der Spitze, ihm folgen Regiment 1, 6, 57, 73." Da nun 20. Jäger und das 1. Regiment thatsächlich zuerst in den Kampf eintraten, so wird das stimmen. Das von Hoenig behauptete lange Rasten — womöglich zweistündige — auf der Bruviller Hochfläche, das ich energisch bestritt, stellt sich als illusorisch heraus: „Die Division hält einen Augenblick" (Lonlay) „20. Jäger an der Spitze im Laufschritt" (Richard). Nehmen wir nun die mittlere Zeitzone an, daß Cissey zwischen 3 und 4 Uhr anlangte und sofort eingriff, so deckt sich das genau mit obiger Angabe: Artillerie weicht 4 Uhr, worauf aber sofort Cissey eingriff. Somit haben nach übereinstimmenden französischen Angaben die 16er schon nach 4 Uhr mindestens den Südrand erreicht und Cisseys Kampf am Nordrand ist auf $4\frac{1}{2}$ Uhr zu setzen. Ich habe zwar in meiner Schrift wiederholt Nachdruck darauf gelegt: Cisseys Eingreifen nicht vor 5 Uhr, während er nach Heft 25 nicht vor $\frac{1}{2}$ 6 die Deutschen geworfen haben könnte; aber nur, um Hoenigs hinfällige Hypothese vom früheren Anlangen Cisseys zu zerstören, da für mich Alles mit der Thatsache stand und fiel, daß Cissey erst in höchster Krise, als 16 schon am Nordrand war, unentwickelt in dichten Massen heranstürzte, wodurch allein sich sein enormer Verlust erklärt. Hingegen betonte ich immer und immer wieder, daß I II 16 (noch nicht F 16) schon vor 4 Uhr vorgingen und $4\frac{1}{2}$ Uhr an der Schlucht gekämpft haben müssen.

Vergeblich sucht Heft 25 diese wichtige Thatsache zu verschleiern, die auch mir deshalb Kopfbrechens machte, weil doch die 57er frühestens 5 Uhr an die Schlucht gelangt sein sollen und sie doch damals zuerst von Cissey (1. de ligne) angefallen wurden. Wie aber kämen die Franzosen dazu, diese Zeitangabe übereinstimmend zu fälschen? Sie hatten weit bessere Ruhe zu solcher Feststellung, während die Deutschen sich damals in täuschender Nervenzerrüttung befanden, und ihr Verdienst schmälert es eher, daß sie nicht sofort der deutschen Minderzahl Herr wurden, was der Fall gewesen wäre, wenn Cissey schon nach 4 Uhr angriff. Da nun alle

Umstände, wie ich sie früher beleuchtete, auf Seiten der 16er da=
mit korrespondieren, so wird nach wie vor von mir festgehalten:
Der Aufbruch von Mars la Tour ist viel früher erfolgt, als
die amtliche Historie behauptet. Warum thut sie das? Um fort=
dauernd zu verschleiern, daß thatsächlich die 16er viel früher
fochten als 57er, und glauben wir nunmehr, daß sie noch länger
als wir annahmen, nämlich im Durchschnitt fast eine volle
Stunde*), ihr isolirtes Gefecht führten, falls 57er wirklich erst
um 5 an den Südrand gelangten. Das 15. Artillerieregiment
wiederholt nochmals (Nr. 16 Anhang): „Als gegen 4 Uhr unser
rechter Flügel weicht .. Gegen 4 Uhr ist die 12. Mitrailleusen=
batterie gezwungen, sich vor Angriffskolonnen zurückzuziehen, die
aus der Schlucht brechen." Heft 25 korrigiert zweimal haftig:
„In Wirklichkeit 5 Uhr" — ja, sagen kann man viel! Wie ge=
waltig muß der Stoß gewesen sein, daß sogar die östlich stehende
Korpsartilleeie westlich ausbog, um Cissey zu bemaskieren! Auch
wenn historique des 13. de ligne schreibt: „Es ist ungefähr 5 Uhr",
als „der Gegner .. zurückweicht," würde immer nur wieder her=
auskommen, daß nur die Schlußkatastrophe auf 5 Uhr fällt, in=
deß die Generalstabshistorie krampfhaft daran festhält, erst vor
5 Uhr den Beginn des Angriffs zu setzen!

Wie verhalten sich also die verschiedenen Darstellungen?
Das alte Generalstabswerk falsch in fast allen Einzelheiten,
schönfärbend und glatt geschrieben, aber ganz oberflächlich. Scherffs
„Kriegslehren" so ziemlich daran festhaltend, aus guten Gründen,
jedoch theoretisierend in falscher Richtung. Hoenigs „Unter=
suchungen" mit kritischer Schärfe manche Blöße der amtlichen
Darstellung erspähend, manche Unrichtigkeit aufhellend, aber ver=
rannt in völlig schiefe Auffassung der historischen Thatsache, die
er französischerseits nicht klärte, sondern verdunkelte. Maßlose
Lauge über seinen unglücklichen Divisionär ergießend, obschon
er Kirchbach und Andere verherrlichte, in deren „Initiative" wir
keinen Unterschied von Schwartzkoppen zu entdecken vermögen.
Endlich aus totaler Unkenntniß des Gesammtbildes eine Phan=
tasie über Massenfernfeuer und künstliche Angriffsformen ent=
wickelnd, die schwerlich den Stein der Weisen vorstellen. Nun
endlich ich: ohne Hülfsmittel, bloß mit der Divination des
kritischen Selbstveranschaulichers, die absolute Wahrheit ent=
deckend und schildernd, wie sie jetzt klar vor Augen liegt. Dann
Hefft 25: mit allen Hülfsmitteln einfach der von mir gehauenen

---

*) Die 6. Reitende Batterie, ganz östlich Bruviller Straße, wurde
beinahe genommen — schon am äußersten linken Flügel der 16er —,
nachdem Artillerie Cissey — siehe oben „4 Uhr" — abgefahren. Dies
war „gegen 5 Uhr" (Conlay)? Jedenfalls bewiese auch dies, daß die 16er
schon vor 5 Uhr am Nordrand fochten.

Lichtung nachspürend, teilweise immer noch an alten Irrtümern (Angriffsgestaltung und Zeitmomente) klebend, aber im Ganzen treu und sorgsam mein Divinationsgebäude auspolsternd. Der Erbauer aber, für den ist natürlich kein Plätzchen drinn, der mag draußen zusehen, wie man in seiner Wohnung prunkt! Der Große Generalstab ist ein großer Herr und achtet es unter seiner Würde, die geistigen „Handlanger" zu nennen, die er benutzte. Unter-thänigsten Dank, daß er meine Anregung so gründlich ausschlachtete.

Man gewöhnte sich deutscherseits, auf die eigene Zuverlässig-keit gegenüber französischer Militärhistorie zu pochen. Wie selten dies gerechtfertigt, zeigt die strenge Zurechtweisung einer Studie des „Mil. W.-Bl." durch „La division Durutte" von Capitaine de Rouil (Lavauzelle). Wie wenig wir noch vom exakten Verlauf der Schlachtepisoden wissen, darüber vergleiche man die reizvollen Broschüren „Les derniers coups de feu" (Dentu, 1885) und „Sur la trouée à Balan" (Lavauzelle 1885). Wie objektiv kritisch die oft verleumdete französische Militärkritik verfährt, zeigen Romagnys „Campagnes d'un siècle" und das scharfsinnige Buch „Verité sur 1815." Im vortrefflichen Werk von Yvert „Vaillantes Chevau-chées" (Lavauzelle 1895) sind viel geringere Verlustausweise für die französische Kavallerie am 16. geboten, so daß nach unsrer Abdierung nur etwa 800 Köpfe (statt 1200) herauskämen und für die Reiterschlacht speziell nur 70 Offiziere, 317 Mann. Ausdrück-lich heißt es dort: „5 Uhr, Brigade Wedell war soeben vernichtet worden" (vient d'être détruite), was mit den Berichten der Ad-jutanten Longuet und Latour über Beginn und Ende der At-taken übereinstimmt: Latour, das Weichen Legrands meldend, traf Ladmirault schon im Triumpf über Cisseys Sieg, woraus also ersichtlich, daß a) die französische Reiter-Attake schon vor Cisseys Angriff begann, b) Cisseys Sieg schon 5¼ Uhr längst entschieden war. Nach unserer Überzeugung sind sogar die 1. Gardedragoner früher angeritten, als die offizielle Zeitangabe lautet, da ihnen notorisch der günstige Ausgang der Reiterschlacht noch unbekannt war, was um „5¾" oder „vor 6 Uhr" längst bekannt gewesen sein mußte. Auch hat das Stocken der Cissey-schen Offensive zweifellos mit den Vorgängen auf ihrer rechten Flanke (Yronthal) zu thun gehabt, gewiß nicht mit der gescheiter-ten Dragonerattake, womit höchst wahrscheinlich, daß zwischen beiden Reiterhandlungen zeitlich nur geringe Trennung bestand.

Kann es übrigens einen glänzenderen Beweis für die gesunde Waffenwirkung der 38. Brigade geben, als die später von uns angeführte Mitteilung in dem prächtigen neuen Werke Roussets — das wir angelegentlichst empfehlen — über die völlige tak-tische Zerrüttung der durcheinander gestülpten Bataillone Cisseys! Rousset nennt auch ausdrücklich nur Brigade Pechot als „écrasée par le feu d'artillerie," womit unfre Meinung belegt, daß Artillerie Golß nur birekt nach Norden, n i d) t gegen Grenier, wirkte. Auf u n f e r e Auslegung der Twardowskischen Zeitabmessungen S. 28 Anmerkung nochmals verweisend, erinnern wir dazu, daß die Mitrailleusen Greniers mit Brayer offensiv vorfuhren, sich also h i e r m i t das: „5 Uhr Mitrailleusenfeuer wird sehr heftig" be= legen läßt. Wenn am 30. November 18 Würtemberg=Geschütze 2300 Granaten verfeuerten, am 16. die ganze Rheinarmee nur 25000 Schuß, so liegt nahe, daß gewiß nicht „432" Stück feuerten und auch die Feuernden sich nicht sonderlich anstrengten! Wenn ferner dort dreißig Würtemberg. Geschütze 57 Köpfe und zwölf davon, die nur eine Stunde fochten und nur 399 Granaten ver= schossen, 18 verloren, so ermesse man aus dem so geringen Ar= tillerie=Berluft Labmiraults, daß unmöglich seine anwesenden 72 Geschütze e r n ft l i ch ins Feuer kamen, zumal in Anbetracht der starken deutschen Artillerie, die gegen sie wirkte. Um dies Bergleichsexperiment fortzusetzen: Rgt. Olga verbrauchte am 2. De= zember 80 000, das 7. Rgt. 74 000 Patronen in so langem Feuer= kampf, wonach die lächerliche Hoenigsche Übertreibung des Lab= miraultschen Patronenverbrauchs binnen einer halben Stunde zu bewerten. Andererseits dürfen wir getrost 40 000 Patronen für die 38. Brigade annehmen, wenn in den zwei Marneschlachten fünf schwache Würtemberg. Bataillone 380 000 verschossen. Daß übrigens die Katastrophe von Mars la Tour eine Ausnahme be= deute, ist auch Legende. Denn vier Kompagnien Olga verloren am 30. November m e h r a l s d i e H ä l f t e b i n n e n w e n i g e n M i n u t e n, die Jäger übrigens an beiden Tagen 90 % der Offiziere. (Ähnlich bayrische Teile an den Loireschlachten, wonach also die geschmähten Milizen ihr Gewehr noch besser ausnutzten, als die gepriesene Rheinarmee. Vergl. auch „Sans Armée" von Kommandant Kanappe.) Auch hier verursachte n i ch t F r o n t a l = sondern F l a n k e n f e u e r den Berluft, ebenso ward die frontal siegreiche Division Faron n u r durch F l a n k e n f e u e r auf n a h e Distanz heimgeschickt, wobei 173 Granaten von nur zwei würten= berg. Geschützen ärgere Verheerung anrichteten, als alle andern 3500 dort verschossenen: f o übertrifft N a h = F e u e r das F e r n = F e u e r.

Wie Schmutzlachen in der Sonne schmelzen alle Legenden, über welche die nachprüfende Zeit hinwegschreitet, unter der Leuchtkraft der Wahrheit.

———

Bei Hoenig ist auch viel von Band II der „Kritischen Tage" Oberst Cardinal v. Widderns die Rede, deren Darstellung er sich zu seiner Deckung bemächtigt. Man sollte nun meinen, daß dort irgend etwas Neues oder Bedeutendes ftände. Weit gefehlt! Dieser Autor ist mir deßhalb merkwürdig, weil er über die bösen strategischen Folgen des — angeblich strategisch berechneten, tat=

tifch unentſchuldbaren — Angriffs Goly am 14. Auguſt die Legende aufzutlären ſich beſtrebte. Nach neuſter Enthüllung ſeines
„Mahnenden Nachwort“ ſoll der ſtrategiſch ſo begabte (von Hoenig
umſonſt betrittelte) Friedrich Karl ſogar gefordert haben, die
triegsgerichtliche Unterſuchung gegen Goly, Manteuffel und
Zaſtrow einzuleiten. Hiernach muß man die Dreiſtigteit doppelt
bewundern, mit der ſich die Generalſtabslegende über den „Sieg“ (!)
des 14. erhielt. Widdern zitiert das briefliche Wort eines hohen
Generals: „Die Initiative der Unterführer iſt jeyt ein geflügeltes
Wort. Sie ſoll Veranlaſſung der großen Überlegenheit unſerer
über die franzöſiſche Armee geweſen ſein, iu ihr hofft man das
Heil für die Zutunft. Möchte doch die berechtigte Initiative
erhalten bleiben! Aber ebenſo ſoll man der unberechtigten
entgegentreten“ — „deren innerſter Grund bisweilen auf Ehr-
geiz zurüdzuführen iſt,“ ſeyt Widdern ſelbſt hinzu — „ſie iſt im
Stande, großes Unheil anzurichten.“ Wie wahr! Nun wohl,
gegen dieſe Initiativ-Legende, auf welche z. B. der ruſſiſche
General Woide ein ganzes haltloſes Syſtem baute und deren
endgültiger Zerſtörung auch der Kirchbach-Ruhm von Wörth —
bislang gegen klare Einwürfe uniſono verteidigt — teilweiſe
zum Opfer fallen wird, habe ich ſeit vielen Jahren Front gemacht! W.e gewöhnlich teilt man heute meine Auffaſſung in
allen einſichtigen Kreiſen. Bezüglich des 14. Auguſt habe ich aber
wiederholt früher — ausführlichſt noch im Dezemberheft 1896
und Januar 1897 der „Militäriſchen Rundſchau“ — alſo ſicher
lange vor Widdern das Nämliche betont, nur klarer und prä-
ciſer. Gewiß mag dies zufällige Übereinſtimmung, nicht bewußtes
Nachbeten ſein: es zeigt aber doch, daß immer ich zuerſt das
Rechte treffe. Und was ernte ich als Lohn dafür? Erſt Rüpelei,
dann Totſchweigen. Nie und nirgendwo habe ich in einer militäriſchen Beſprechung auch nur den leiſeſten Wint gefunden, daß
all dieſe „neuen“ Ideen, wie gewiſſe des Oberſten v. Bern-
hardi im „Mil. W.-Bl.“ nur ein treues Echo der meinen ſind —
durch Gedantenübertragung! Äußerſt ergöylich erſcheint mir aber
die Wichtigthuerei, mit der dieſe Herren ſich gegenſeitig beweih-
räuchern, wenn ſie die früher von mir gelegten Gedanteneier in
ihrer Weiſe ſelbſtändig ausbrüten. Was bringt denn Widdern
irgendwie Nennenswertes über den 16. Auguſt? Natürlich macht
auch er ſich des alten Kniffs ſchuldig, die geſammte Kopfzahl
der franzöſiſchen Corps zu rechnen, während deutſcherſeits
betanntlich nur Gewehre und Kavallerieſäbel ohne Offiziere, Artillerie, Nichtſtreitbare angegeben werden.*) Auch macht

---

*) Wie genau man die Einzelſtärten prüfen muß, belegt z. B.,
daß bei Noiſſeville Diviſion Aymard, die doch am 14. und 18. Auguſt
höchſtens 1200 Mann verlor, nur noch 6500 Mann zählte, Bataillone à
500 Mann, Kompagnien à 85.

er sich nicht von der alten Legende los, Bazaine sei infolge der Vorstöße am Bois de St. Arnould „immer mehr um seine linke Flanke und die Verbindung mit Metz besorgt" geworden, anstatt seine Hauptkraft gegen die preußische Linke zu werfen, „wo sowohl strategisch als taktisch die Entscheidung lag." Ja wohl, aber nicht für s e i n e Auffassung, die eben n u r „Verbindung mit Metz" und keineswegs Abmarsch nach Verdun wünschte! „Besorgt" machten ihn die sämmtlich blutig gescheiterten Angriffe gegen Rezonville so wenig, daß er sogar zuletzt noch eine Gardevoltigeurbrigade offensiv nachstoßen ließ und man dort ihm zur gewonnenen Schlacht gratulierte. Der Verlust von Garde und Montaudon blieb weit hinter dem unserer 15 frischen Verstärkungsbataillone zurück, von der 5. Division ganz abgesehen. Warum er selbst d o r t seine Reserven nicht einsetzte (1 Brigade Montaudon, 2 Nayral, 1 Aymard blieben g a n z müßig, selbst 1 Regiment Levassor-Sorval ist nicht verwendet worden, wie Verlustliste zeigt), das weiß nur seine dunkle Seele: Weil er überhaupt keinen Sieg wollte, der seine Unterführer bewogen hätte, auf den nun freien Abmarsch nach Verdun zu bringen. Deshalb auch das schlaffe Verhalten Tixiers, das Verbot an Canrobert, Offensive zu beginnen, Befehl an Leboeuf, sich nur defensiv „stark zu behaupten.": Vorstoßen über Mars la Tour hätte einerseits die dann schräge Front der Rheinarmee von nächster Verbindung mit Metz entfernt, andrerseits die völlige Freigabe der Verdunstraße klargelegt. Ehe man diese Dinge deutscherseits nicht im rechten Lichte sieht, wird man deutscherseits nie ein gerechtes, sondern nach dem unnormalen äußeren Erfolg der späteren, einzig durch Bazaine selber herbeigeführten, Folgen gefärbtes und „appretiertes" Urteil schöpfen. Alvensleben war gewiß die sympatischste Erscheinung unter allen preußischen Corpsführern und seine Leitung der Schlacht an sich musterhaft, seine strategische Auffassung dagegen grundfalsch, was freilich im Weiteren auf die gesammte Oberleitung zurückfällt, welche die unter normalen Umständen unvermeidliche große Niederlage hauptsächlich verschuldet hätte. Übrigens giebt Wöbern S. 50 auch wieder die falsche Verlustziffer aus dem Generalstabswerk, während heute erheblich höhere Verluste z. B. der Kavallerie und Artillerie nachgewiesen wurden. Daß am „Entscheidungskampf teilgenommen" hätten 83600 französische Gewehre, ist unwahr. Er fochten n i c h t von Canrobert 2 Regimenter, somit 24000 Gewehre. Von der Garde so gut wie nicht zwei Voltigeurregimenter und die Gardezuaven, somit etwa 10 000 Gewehre. Von Leboeuf überhaupt nur eine Brigade Montaudon und Teile eines Regiments von Aymard, dessen 11. Chasseurs und ein Bataillon 60. Regiments schon anfangs von Bazaine hinter Rezonville gezinnt wurden, höchstens 6000 Gewehre. Von Frossard 20 000

Gewehre. Von Ladmirault ernstlich nur 15, höchstens 17 Bataillone, rund 11000 Gewehre. Im Ganzen also 72000, wovon
20000 Frossart seit 1 Uhr abzuziehen: Der eigentliche Entscheidungskampf nach Anlangen der deutschen Verstärkungen ist
also mit ziemlich gleichen Kräften durchfochten worden. Auch
sind französischerseits nicht „8000“ Säbel, sondern 2800 bei Bille
fur Pron, 500 Gardeküraffiere und Stabswache, 3200 Forton
und Valebrèque zum Kampf gekommen, während der Deutschen
8300 Säbel fast alle fochten. Ebensowenig können 432 französische Geschütze gefeuert haben, da nach Verlustausweis die 120
Geschütze Leboeuf und ein Teil Reserveartillerie fast ausfallen.

Vom Kampf der 38. Brigade weiß Wibbern absolut nichts
Neues, wohl aber Unrichtiges zu melden. Denn laut ihm haben
nur 6, statt 10, Bataillone Cissey angegriffen; die ganze „Division
Grenier“ (in Wahrheit nur 5¹/₃ Bataillon) ward an der Schlucht
angegriffen; Grenier verfolgte, Cissey verblieb nachher auf der
Nordseite, während genau das Umgekehrte geschah! Wichtig ist
höchstens der beiläufige Vermerk S. 78: „So kam es, daß der
linke Flügel (2 Bataillone) der 38. Brigade, der sich durch das
Dorf und links bei demselben vorbei entwickelte“ —
also, wie ich annahm — „sehr viel früher die richtige An-
griffsfront hergestellt hatte als der rechte.“ Es braucht
kein Geist vom Grabe herzukommen, um das zu sagen! Von
allem wirklich Wichtigen — der entscheidenden Rolle Cisseys,
seinem Verlust, Patronenverbrauch u. s. w. — enthält die Schrift
nichts. Sehr „kritisch“!

Unsere Schrift war bereits im Druck, als uns vom Verlag
Lavauzelle das neue Werk des Colonel Rousset zuging „Le
4e Corps d'Armée de Metz.“ Rousset selbst gehörte der Division
Cissey an und wir erwarteten daher überraschende Aufschlüsse.
Diese sind jedoch ausgeblieben, mit Ausnahme eines einzigen
Punktes, der allerdings für uns nicht geringe Wichtigkeit besitzt.
In seinem »Etat des pertes« (Annexe X) bringt er nämlich die
offiziellen Verlustlisten des Armeekorps. Wenn er am Schlusse
von den ganz anders lautenden Ziffern, die Major Kunz in
seinem bekannten Bazaine-Buche bietet, höflich sagt: „Sie sind
nicht streng exakt, wie man sich durch Lektüre der vorhergehenden
Tableaux überzeugen kann, aber ihre Abschätzung genügt, um die
angegebenen Prozentsätze (relations) zu rechtfertigen,“ so gestehen
wir, daß im Gegenteil der Zwiespalt unüberbrückbar ist. Kunz
hat vornehmlich nach den historiques gearbeitet und hierbei oft
willkürlich die offizielle Verlustangabe erhöht, worüber wir uns
schon in unsrem Werke „Zur Taktik und Strategie“ äußerten.
Nach ihm soll z. B. das 1. de ligne in den vier Metzer Schlachten
50 Offiziere 1260 Mann, Division Cissey im ganzen 44¹/₃ Pro-

zent verloren haben, wie er denn am 16. August ihr rund 1450 Köpfe Verlust zuspricht. Ebenso hat er den Verlust der Kavallerie Legrand viel zu hoch, den der Artillerie etwas zu niedrig (für den 18. umgekehrt zu hoch angegeben, den der Division Grenier weit unterschätzt, hier allerdings übereinstimmend mit allen sonstigen Angaben. Was aber lernen wir aus dem offiziellen Verlusttableau? Wir wollen es in jeder Einzelheit studieren und unser Ergebnis vorführen.

Das 1. de ligne zählte am 12. August 2028 Mann Effektiv, wovon bekanntlich 150 Nichtstreitbare abzuziehen, und verlor davon — man muß hier die von Rousset immer extra angegebenen Verluste bei Roisseville von der Stärke am 24. August abziehen — 909 Mann, also richtig 45 Prozent, das Offizierkorps wurde sogar von 66 auf 12 herabgebracht! Hier stimmt also trotz der Differenz der Verlustziffer die Kunz'sche Prozent-Taxierung genau, weil er den ursprünglichen Effektivstand zu hoch ansetzte. Dagegen liest man mit Verwunderung, daß davon nur 18 Offiziere, 176 Mann auf den 16. August kommen sollen. Wir addieren die „Toten,“ „Verwundeten,“ „Vermißten.“ Dieser innere Widerspruch macht die französische Angabe etwas verdächtig. Das rechts neben dem 1. de ligne fechtende und nach Rousset's Karte nur gegen F 16 stoßende 20. Chasseurbataillon hätte hingegen 5 Offiziere, 91 Mann eingebüßt, relativ mehr,[*] wonach also die unsern 57 ern allein gegenüberstehenden Truppen (1. dahinter 6. und I III 13) thatsächlich nur wenig gelitten haben würden: Das 6. Regiment verlor nur 4 Offiziere, 15 Mann. Bedeutend höher stellt sich freilich den 16 ern gegenüber der Verlust der Brigade Golberg, da das ausschlaggebende 57. im Ganzen 21 Offiziere 283 Mann das zuerst mit Rabfeuer überschüttete 73. sogar 347 Mann, 18 Offiziere verlor. Allein, der Gesammtverlust Eifreys, inklusive 9 Köpfe Artillerie, würde dennoch nur 72 Offiziere, 921 Mann betragen. Daher noch unter der niedrigsten bisherigen Angabe bleiben. Nehmen wir an, diese Ziffern seien absolut unantastbar, würde damit unser leitender Standpunkt umgestoßen, nämlich die jähe rasche Wirkung des Rabfeuers unter 16er? Wir nichten.

Denn nun erfahren wir umgekehrt, daß Greniers 43tes nicht weniger als 29 Offiziere 503 Mann verloren haben soll, also am allermeisten litt![**] Nun wohl. Dies Regiment wurde ja zuerst

---

[*] Doch weniger als am 18. wo es 5 Offiziere, 98 Mann verlor, und gar bei Roisseville 6 Offiziere, 188 Mann.

[**] Da es nur 1983 Mann beim Ausrücken zählte, auch schon am 14. Verluste hatte, so kann man getrost 25°, Verluste rechnen. Da das 13. sogar nur 1887 Köpfe Effektivität und ganz erhebliche Verluste schon am 14. hatte, so dürfte es in den Meyer Schlachten mit rund 30° Verlust sehr hoch in der Prozentziffer rangieren, während Kunz ihm erst die siebzehnte Stelle zuwies. Das 60. der Division Verneres verlor von 40 Offi-

vom Flankenstoß getroffen und wich in völliger Niederlage: daß
also schon hier eine starke Anwendung von Nahfeuer stattfand,
steht doch außer Frage, und Hoenigs Ausflucht, die deutsche Ar=
tillerie habe allein Verluste verursacht, zeigt sich hier in grellem
Lichte. Denn das 43. feuerte gelassen am Schluchtrand gegen die
57er und die deutsche Artillerie beschoß in diesem Augenblick doch
sicher nicht die fast der deutschen gemischte französische Vorder=
linie: erst als die 16er ihr nahes Flankenfeuer eröffneten, kann
also das 43. seinen plötzlichen großen Verlust erhalten haben.
Was das 13. betrifft, so wird man vielleicht die Hälfte seiner
nicht geringen Einbuße (17 Offiziere 373 Mann) wohl dem frü=
heren Kampfe am Tronviller Busch zuschreiben müssen. Die
5. Chasseurs hatten auch 1 Offizier 111 Mann außer Gefecht, die
man gleichfalls nicht allein dem Kampf gegen die 38. Brigade
zurechnen dürfte. Brigade Bradier verlor im Ganzen nur 2 Offi=
ziere 38 Mann, die Artillerie Greniers 14 Mann. Letzteres be=
weist zur Genüge, daß die Behauptung von Heft 25, zwei Bat=
terien seien am Tronviller Busch total zerschossen und vom
Schlachtfeld verschwunden — gegen welche Rousset opponiert —,
schwerlich zutrifft. Die Reserveartillerie verlor 3 Offiziere 33 Mann,
ist also relativ am meisten engagirt gewesen.*) Kavallerie Le=
grand verlor angeblich nur 176 Mann, dazu freilich die horrende
Summe von 53 Offizieren,**) wovon zwei Generale, drei Ober=
sten. Dazu kämen noch 3 Offiziere 58 Mann der Chasseurs
d'Afrique, 24 Offiziere 139 Mann der Brigade de France, so daß
die Reiterschlacht den Franzosen im Ganzen nur 80 Offiziere
363 Mann gekostet haben würde, d. h. sicher nicht mehr als den
Deutschen, was natürlich allen bisherigen Überlieferungen wider=
spricht. Durch diese Differenz erledigt sich der unerhebliche Unter=
schied der Angabe Roussets für den Gesammtverlust Ladmiraults:
183 Offiziere 2195 Mann, während Ladmirault fast 100 Köpfe
mehr angab. Das eigentliche Ergebnis bleibt aber ziemlich das
Nämliche. Denn, Kavallerie und Artillerie abgezogen, verlor die
Infanterie immer noch rund 2000 Köpfe, wovon sicher 17—1800
allein auf Rechnung Schwartzkoppens zu setzen. Für diese
Hauptsache ist es ja gleichgültig, ob Grenier — wie wir also

ziren 2143 Mann im Ganzen 28 Offiziere 521 Mann, fast alle am
18. August; das 54. vollends nur an diesem Tage 25 Offiziere, 534 Mann
von 1866, also nicht weit von 30 Prozent.
*) Am 18. August verlor Cissey 36, Grenier 51, Lorencez 39 Mann
Artillerie, die Reserve allein 19 Offiziere, 197 Mann. Total 242 Köpfe,
wovon 33 Offiziere.
**) Auf S. 162 sagt Rousset „46“; das zeigt, wie genau man nach=
prüfen muß. Den Verlust der deutschen Reiterei bei Vilée für Pron setzt
er übrigens viel zu niedrig an, vergißt die 13. Dragoner, rechnet aber
dafür irrigerweise den ganzen Verlust des 2. Gardedragonerregiments hier=
her, während die 2. Schwadron bei Flavigny blutete.

jetzt staunend glauben sollen — mehr (fast 1100) als Cissey (fast 1000) verlor. Aber auch für unsre spezielle Auffassung kommt der Fall aufs Gleiche heraus. Denn Grenier focht ja thatsäch=lich viel länger als Cissey und des Ersteren Verlust trat doch auch hauptsächlich erst beim Nahkampf ein, Letzterer aber verlor jedenfalls binnen der verhängnisvollen Viertelstunde noch mehr als Grenier, zieht man 300 Köpfe Grenier als vorhergehenden Ver=lust ab. Auffallen müßte im Gegensatz zu der ungewöhnlichen Totenziffer der 38. Brigade, daß nur 40 Offiziere 153 Mann als „tot" angegeben werden, was in vollem Widerspruch zu den 7—800 französischen Toten stände, von denen Heft 25 redet.

Zwar werden noch 36 Offiziere 507 Mann als „vermißt" aufgeführt, man wird aber von dieser stattlichen Menge doch nicht alle als Tote unterbringen können. Es dürfte also hier Raum für allerlei Zweifel bleiben, ob nicht Rousset's Listen unvoll=ständig seien, insbesondere für Cissey. Dieser soll mit 333 Offizieren 9730 Mann am 12. August den Feldzug begonnen haben und am 24. August um 144 Offiziere 2925 Mann gelichtet sein. Hierzu kommen noch 28 Offiziere 671 Mann bei Noisseville, so daß ein Gefechtsverlust von 172 Offizieren 3596 Mann heraus=käme. Allein, Rousset giebt umgekehrt 233 Offiziere 3518 Mann an, weil beim obigen Stärkestand vom 24. August bereits der neue Zuwachs an Reservemannschaften aus dem Metzer Depot drinsteckt. Diese doppelte Angabe kann ja natürlich buchstäblich korrekt sein, doch liegt auf der Hand, daß sie absichtlichen oder unabsichtlichen Irrtümern Thür und Thür öffnet. Übrigens würde nach Rousset das 73. Regiment im Ganzen 33 Offiziere 878 M. das 57. auch 40 Offiziere 787 Mann verloren haben, also nicht viel weniger als das 1. Regiment, nämlich 40% (von 2226) und 38% (2065) der Mannschaft, während Kunz ihnen zwar einen noch größeren Verlust (je 940), aber erst die siebente und achte Stelle in seiner Prozenttabelle aufweist. Beide Regimenter ver=loren am 18. je 17 Offiziere 468 Mann und 20 Offiziere 494 Mann, so daß überhaupt Brigade Golberg den absolut größten Verlust der Rheinarmee im Ganzen gehabt haben muß, besonders an Offizieren. Auch dieser Verlust am 18. ist notorisch durch Nahfeuer der Garde auf 2—300 Schritt verursacht worden; es entspricht aber nicht der Natur der Dinge, daß der Verlust unter noch schlimmeren Umständen am 16. geringer gewesen sei: denn wohl dauerte der betreffende Kampf am 18. bedeutend länger, aber die Franzosen fochten dort mit Ausnahme der kurzen Offen=sivstöße gedeckt und vor allem in voller Gefechtsentwickelung, während das Nahfeuer der 16er in dicke unentwickelte Kolonnen hineinschlug. Bedenkt man nun, wie noch viel mörderischer das Nahfeuer mit altem Vorderlader und Kartätschen bei Aspern, Culau, Borodino, Kollin, Kunersdorf wirkte, so müßte man ja völlig an der Zerstörungsfähigkeit des Hinterladerschnellfeuers irre werden, wenn Brigade Golberg nur 38 Tote am 16. verloren haben soll, obschon alle französischen Berichte die schreckliche Wirkung des deutschen Feuers am Nordrand der Schlucht zugeben. Und da Rousset selber feststellt, Cissey habe sich nach dem Erfolg in größter Unordnung befunden, so will uns die Gesamtangabe von nur 198 „Disparus" sehr unglaubwürdig erscheinen. Mag also Kunz willkürlich übertrieben haben, wir werden gut thun, mindestens die 100 Mann, welche Rousset weniger angiebt, als die ursprüngliche Verlustangabe Ladmiraults, der Division Cissey gutzuschreiben. Nochmals aber: Ein nennenswerter Unterschied zu meiner Abschätzung der gegenseitigen Verlustwerte tritt durch diesen neuen Verlustausweis nicht ein, im Gegenteil! Denn hiernach wäre noch klarer bewiesen, daß die gegen die 57er engagierten Teile — 1. Regiment und Teile vom 13. — unverhältnismäßig wenig litten, also auch die nur hierher entsandten Granaten der Batterien Golz sehr wenig wirkten, ebenso wie Batterie Lancelle gegen Brigade Pradier bei Greyère Ferme gar nichts ausrichtete, da letztere im ganzen nur 2 Offiziere 38 Mann verlor. Zieht man nun gegen sie den Verlust von 5, 6/16 gleichfalls ab, so haben die übrigen 10 Kompanien 16er immer noch kaum mehr (Gefangene abgerechnet) verloren als Brigade Golberg und 43. Regiment Greniers, dessen überraschend hohe Einbuße ja wiederum auf das 16er Feuer entfällt. Diese drei Regimenter büßten 68 Offiziere 1143 Mann ein, wenn wir Roussets Liste summieren, wahrscheinlich aber mehr, und hiermit bleibt also für unsere Auffassung alles beim Alten. Ebenso läßt der geringe Gesamtverlust der Artillerie — 58 —, im Vergleich zum viermal größeren am 18. August, nicht darauf schließen, daß sie insgesamt engagiert war, wie denn Cissey's Batterien sofort das Weite suchten, Grenier's nur am Tronviller Busch litten, die vier engagierten Batterien Reserveartillerie aber nur vom schrägen Kugelregen der 16er Verluste hatten, womit wiederum die Mythe von dortiger Wirkung deutscher Granaten hinfällig wird. Endlich würde der auffallend geringe Verlust der französischen Reiterei beweisen, daß unmöglich ihre angebliche Niederlage Ladmirault einschüchterte, — zumal jetzt entgegen der Legende nachgewiesen, daß die deutsche vor der frischen Brigade Maubranches thatsächlich nachher zurückgehen mußte —, sondern einzig die Waffenwirkung der 38. Brigade.*)

---

*) Troß der geringeren Angabe Roussets bleibt bestehen, daß am 16. ungewöhnlich viel Offiziere fielen, relativ mehr als am sonst so viel blutigeren 18., wo freilich viel mehr höhere Führer fielen. (Obersten des 73., 15. und 54. † Außerdem Generale Golberg, Pradier, Bellecourt verwundet und Oberst des 1. Regiments und 65.) Cissey selbst ward das Pferd unterm Leibe erschossen.

Was nun die sonstige Schilderung Roussets betrifft, so be=
kennt er im Appendix selbst, daß Heft 25 ihn beeinflußt habe.
Und zwar derart, daß er gegen Hoenig, den er vorher wiederholt
zitierte, nunmehr direkt scharf und ausfallend wird, von seinen Phan=
tasien redet, die nun widerlegt seien, ja sogar von „lügnerischen
Behauptungen". Derlei vermögen wir nicht zu billigen, so wenig
wir uns für Hoenigs Art erwärmen, es beweist aber, wie
Militärs jeden Landes überall nur blind die „Autorität" anbeten.
Der Generalstab hat's gesagt: darum muß es wahr sein! Hin=
gegen ging es (scheinbar) spurlos vorüber, als die Wahrheit durch
mich ihre Stimme erhob. Bei solcher Beeinflussung Rousset's
darf man natürlich seiner eigenen Schilderung nur ein beschränktes
Maß von Authentizität zuerkennen, selbst die Zeitangaben auf
französischer Seite unterlagen vermutlich mehrfach solcher Beein=
flussung durch die deutsche Darstellung. Aus der Marschordnung
(Pièce V) geht hervor, daß Labmirault mit der Kavallerie sowie zwei
reitenden Batterien (p. 111) schon um 4 Uhr früh, die Spitze
der Division Grenier (5. Chasseurs) um $5\frac{1}{2}$ Uhr, die Reserve=
artillere $6\frac{1}{2}$ Uhr, Cissey um 16 Minuten vor 8 Uhr aufbrachen.
Vor 10 Uhr befand sich die Reserveartillere bei St. Privat, um
11 Uhr Cissey, um $11\frac{1}{2}$ Uhr Grenier schon bei Doncourt. Die
Reiterei wäre (Pièce VII) schon um 6 Uhr bei St. Privat ge=
wesen. (Dem widerspricht jedoch p. 112, daß sie erst $9\frac{1}{2}$ Uhr
bei St. Ail debouchierte). Sehr klar wird nunmehr festgestellt,
daß sie schon um 5 Uhr zur Attake vorging, somit unsere frühere
Divination glänzend bewiesen.

Etwa um 11 Uhr soll Labmirault von der Höhe zwischen Bru=
ville und St. Marcel das Schlachtfeld überschaut und Brigade Barby
durch drei Artilleriesalven vertrieben haben. Nach 1 Uhr marschierte
Brigade Prabier von Doncourt nach Ferme Grizières (bei uns
hat sich der Name „Greyères" eingebürgert.) Nach $2\frac{3}{4}$ Uhr soll
der Angriff Bellecourts gegen Tronviller Busch begonnen haben.
Die Baterie Planitz schoß so treffsicher nach Grizières hinüber,
daß der Signalfähnchenträger (porte-fanion) Labmiraults an seiner
Seite getötet wurde, an dessen Stelle der Adjutant Hauptmann
La Tour-du-Pin trat, der später wertvolle Erinnerungen veröffent=
lichte und jetzt — also gleich nach 4 Uhr — schon die Angriffs=
ordre Labmiraults an die Reiterei überbrachte. (Die Attake Barail
ist also etwa auf $\frac{1}{2}5$ Uhr anzusetzen, die Attake Barby auf 5 Uhr.)
Um diese Zeit ging Bellecourt vom Tronviller Busch zurück, dessen
Nordrand gegenüber jedoch 2 Bataillone des 13. Regiments stehen
blieben. Nun setzt zwar Rousset, im Bann von Heft 25, den An=
griff Cisseys mit 57 de ligne gleichfalls auf $5\frac{1}{4}$ Uhr. Wenn
aber um 3 Uhr, wie er S. 121 sagt, die Tête bei Doncourt erschien,
so wäre doch sonderbar, daß sie bei so außergewöhnlich schnellem
Anmarsch von dort bis zur Schlucht mehr als zwei Stunden ge=

braucht haben sollte! Und wenn die 16er nachweislich um 5³/₄ Uhr schon südöstlich Mars la Tour gesammelt standen, so hätten sie — wenn der Schluchtkampf erst 5¹/₂ Uhr endete — wahrhaftig dort= hin rabeln müssen, statt mit letzten Kräften sich müde fortzu= schleppen! Die innere Unmöglichkeit springt also schreiend ins Auge, und wenn Oberst Schaumann schon um oder kurz nach 5 Uhr die Versprengten der 5. und 6. Kompagnie in Mars la Tour fand, wenn er dort schon den Tod Brixens erfuhr, so muß der Angriff Cisseys vor 5 Uhr erfolgt sein; denn die 6. Kompagnie wich ja erst, als sie zugleich von Nordosten Flankenfeuer erhielt, also schon vom 73 de ligne und dem hierher vorgeschobenen II 13. auf der äußersten Flanke. Daß also Rousset sogar das Têtenregiment Nr. 73 erst 5¹/₄ deployieren läßt, ist augenfälligste Nachlässigkeit der Zeitabschätzung — alles im Bann des Generalstabsheftsft.

Daß die Gefechtslage im übrigen bei Cissey sich so gestaltete wie ich angab, zeigt der Umstand, daß links General Brayer tot auf dem Leichnam seines Adjutanten de St. Preux zusammenbrach, rechts der Stabschef Colonel de Place schwerverwundet und dem ganzen Stab Cissey's die Pferde erschossen wurden, daß die Stäbler selbst den Degen zogen, „denn Niemand wußte, was noch aus diesem furchtbaren Zusammenstoß entstehen konnte" (p. 144). Bedenkt man nun, daß die Attake der 1. Gardebragoner gar keine mate= rielle Wirkung hatte — "quelques hommes foulés aux pieds des chevaux" — sondern nur die beispiellose Unordnung der dicht durcheinandergequirlten Division Cissey, welche p. 166 in grellsten Farben gemalt wird, Labmiraults Vorrücken unmöglich machte, so wird man aus solchem Zustand wahrlich keine Bekräftigung der niedrigen Verlustliste, die uns Rousset vorsetzt, herauslesen können! Freilich haben wir andererseits Anlaß genug, die von Kunz beliebten willkürlichen Erhöhungen anzuzweifeln.*) Aber im diesem Falle scheint denn doch die Wahrscheinlichkeit für ihn zu sprechen. Allerdings tritt ja andererseits die zwei= bis drei= fache Erhöhung des Grenier'schen Verlustes, den man bisher nur auf 3—400 Mann angab, in Roussets Tableau mit großer Be= stimmtheit auf und in diesem Falle, wie wir früher schon sagten, könnte Cisseys Verlust höchstens noch um 100 Mann höher ge= wesen sein, da der Gesamtverlust Labmiraults keinenfalls die

---

*) Er hat u. A. den Verlust Labmiraults am 18. auf ungefähr 6000 Köpfe erhöhen wollen, wobei er besonderen Nachdruck auf die an= geblich verschwiegenen „Disparus" (Versprengte u. s. w.) legt. Auf solchem Wege kommt er dazu, Grenier am 18. etwa 1900 Mann Verlust zuzu= schreiben, während Rousset feststellt: 47 Offiziere, 859 Mann. Sollte aber Kunz hier an nur 127 Disparus Anstoß nehmen, so weiß er eben nicht, daß Brigade Bellecourt schon früh rückwärts in eine Aufnahmestellung hinter der Schlachtlinie zurückgezogen wurde: wo sollte also ihr Verlust und gar an „Versprengten" herkommen?!

frühere offizielle Ziffer 2458 überstieg. Aber wir stoßen auch hier
auf Unwahrscheinlichkeit, falls nicht die gesamte bisherige Relation
französischerseits lückenhaft ist. Denn wenn die überraschende Enthüllung, daß gerade das 43. Regiment Greniers weitaus am
meisten verlor, sich erklären läßt durch unsere jetzige Kenntnis,
daß hier zuerst die 16er ihr Flankenfeuer ausspielten, so bleibt
doch die Einbuße des 13. als gleichfalls noch bei der Cissey'schen
Regimenter übertreffend unerklärlich. Wir sagten vorher, daß höchstens die Hälfte des Verlustes vom 13. und vom 5. Chasseurbataillon der 38. Brigade zuzuschreiben sei, doch können dies
nicht aufrecht erhalten bei reiflicher Überlegung. Daß ein Bataillon
13. und die Chasseurs außer 3. Kompagnie nebst 2 Batterien
nach Doncourt zurückzogen, wie Heft 25 vermutet, ist laut Rousset
eine Fabel. Zwar hören wir beim Schluchtkampf nur von einem
Bataillon 13. und von der 3. Chasseurkompagnie, aber die anderen
Kompagnien und zwei Bataillone 13. standen weiter östlich auf
der Bruviller Höhe und feuerten. Gradeso wie auch das 6. Regiment laut Rousset mitgefeuert haben soll, wir also trotz seines
minimalen Verlustes, wobei aber vier Offiziere, es mit zu den
engagierten Gewehren rechnen müssen. Wir hören nun aber
keineswegs, daß ihr Gefecht am Tronviller Busch sehr bitzig und
verlustreich gewesen sei, im Gegenteil lesen sie nur Trümmer der
grade damals auf Tronville weichenden Brigade Lehmann auf,
auch scheinen nur vier Bataillone der Brigade Bellecourt überhaupt dort engagiert gewesen zu sein. Es bleibt daher nur
übrig auch den weit überwiegenden Hauptverlust des 13. und der
3. Chasseurs,[*] deren 3. Kompagnie an der Schlucht der erste Stoß
gleichfalls warf, wie ausdrücklich zugestanden wird, auf Waffenwirkung der 38. Brigade zuzuschreiben. Da aber dort die 16er
unmöglich einwirken, so scheint eben auch das kurze Rückfeuer
von F. 37. Flügel am Tronviller Busch viel intensiver gewesen
zu sein, als Poeng Wort haben will. Somit wird man getrost
rund 2000 Köpfe französische Infanterie als Opfer der 38. Brigade
annehmen dürfen und es also die erschütternde Wirkung des
deutschen Angriffs, insbesondere der 16er, empfindlich erwiesen. Da
übrigens die Verlustziffernwerte des 43. de ligne an der Schlucht
sich wohl auch mehr im Handumdrehen vollziehen konnte, ehe es
in Unordnung aus der Schlachtlinie wich, so würde auch dies
nur beweisen, daß die 16er lange vor 5 Uhr die Schlucht über-
schwemmten, ehe sie das 43. in der Flanke fassen konnten.

[*] Sie verloren 1 Offizier 16 Mann bei 3. Chasseurs Effektiv
3 Offiziere 91 Mann, also in ganz kurzem Gefecht relativ viel mehr, als
die am längsten als Arrieregarde engagierten 3. Chasseurs. Steht dies
nicht zu denken über das allgemeine Verlustverhältnis Effektivs zu Greniers,
gleich am in handlichem Widerspruch zu Roussets Liste?

Richtig gelesen, bestätigen alle Mitteilungen Roussets schlechterdings nur unsere Schlüsse. So bestätigt er auch ausdrücklich unsere Annahme, daß die 2 Batterien Barail „nicht feuerten", und doch standen sie laut seiner Karte hinter Grizière bereit. Da sie nun keinen Mann verloren, so wird analog der geringe Verlust der andern feuernden Batterien — Rousset zählt wie wir 11, nicht 12 wie Hoenig — wohl auch auf geringe Mitwirkung schließen lassen. Im Übrigen verzeichnet die Karte um 4 Uhr auch die 2 Reitenden Batterien der Korpsartillerie neben den 2 Batterien Greniers am Tronviller Busch, womit also 1) die Fabel von dem Obsiegen der Batterien Golz, 2) irgendwie nennenswerter dortiger Verlust Bellecourts bei solcher Artilleriebedeckung hinfällig wird. Auch Hoenig's Behauptung, diese französischen Batterien seien bis zum späteren Standpunkt der Batterien Golz vorgedrungen, widerlegt Roussets Einzeichnung, ganz wie wir vorher es bestritten.

Was übrigens Hoenig mit seinem phantasievollen Gemälde des angeblichen moralischen Zusammenbruchs der 38. Brigade angerichtet hat, ersehe man aus Roussets Ausruf, daß „Gottseidank die Armee von Metz trotz ihrer unverdienten Niederlagen nie ähnliches erlebte"! Und das fluchtartige Weichen des Korps Frossart unter viel geringeren Verlusten?! — —

Nach diesen Einzelheiten*) noch einige allgemeine Betrachtungen. Korps Ladmirault umfaßte 1208 Offiziere 27702 Mann**), wonach Kunz' (noch von Wibbern adoptierte) willkürliche Ziffer 35692 zu korrigieren, geradeso wie all seine andern übertriebenen Korpsziffern. Das Korps scheint jedoch sehr erheblich später durch Reservisten verstärkt worden zu sein (siehe Anmerkung unten) und stieg sogar die Zahl der Offiziere auf 1271, wenn wir spätere Belege addieren. Gleichwohl zählte am 12. August Cissey doch 9000 Mann Infanterie, wovon 600 Nichtkombattanten abzuziehen, somit nach Verlust am 14. und den üblichen Maroden höchstens 8200, Grenier nach gleichem Maßstab sogar nur 7700 Gewehre, wovon der allein ernstlich fechtende Bellecourt (4700 Mann am 12. August) rund 4000 Gewehre. Die taktische Einheit war aus den verschiedensten Garnisonen zusammengesetzt, vom Sitz des Generalkommandos Lille meist weit entfernt. Das 73. Regiment und 11. Draganer Thionville, 43. Amiens, 20. Chasseurs Boulogne, 2. und 7. Husaren Versailles, 2. Chasseurs Douay 15. Regiment Soissons, 33. Arras, 54. Condé, 13. Bethune, 98. Dunkirchen, 64. Calais, 65. Valenciennes, 5. Chasseurs Rennes,

---

*) Ein Militärreferent, der mich belehrte, die Gardelanciers hätten nicht blaue Kurta getragen, lese jetzt Rousset p. 159!
**) Allerdings kommt nach Pièce 10 des Anhangs eine größere Ziffer für den 12. August heraus, nämlich rund 34000 Mann, wenn wir alle Angaben addieren, wovon 2300 Kavallerie mit 185 Offizieren, 3450 Artillerie mit 95 Offizieren, 1121 Train mit 36 Offizieren.

57. Regiment Nancy, Artillerie teilweise Metz, Genie Montpellier (!). Die Reservisten müssen sehr zahlreich gewesen sein, denn schon am 24. Juli trafen als Spitze 310 allein aus Thionville und Arras ein und die 20. Chasseurs erhielten aus ihrem Depot schon am 26. fast 200 Reservisten. Wenn also Rousset einerseits versichert, alle Reservisten hätten ihr Chassepot nicht handhaben können, andererseits die „alten" Soldaten betont und meint, das „Metier" sei eben nötiger, als heut „Gewisse" versichern, so schlägt er sich selbst durch Darstellung der gleichmäßigen Tüchtigkeit aller Truppenteile des Korps.

Seine Schilderung des 14. August korrigiert mehrere Punkte der deutschen Relation, auch brauchen wir unsere eigne Angabe im Anhang zur Schrift „Mars la Tour" nicht zu berichtigen, wonach nur Division Grenier ernst engagiert gewesen sei; nicht nur trug sie allein den Verlust (45 Offiziere 580 Mann von 54, 716), sondern nur 20. Jäger Cissey's griffen außerdem noch ein. Gefeuert hat hingegen ganz zuletzt der größte Teil der Artillerie, die — wir addieren Einzelangaben — 4 Offiziere 45 Mann verlor, also fast soviel als am 16., woraus ihr dortiges geringes Wirken wiederum erhellt.*) Ernstlich engagiert wurden überhaupt nur 7 Bataillone (5. Chasseurs, 13. und 64. Regiment), wovon II 13.**) und besonders II 64 infolge gescheiterten Gegenstoßes am meisten litten. (Vom 98. scheint nur I Bataillon ins Feuer gekommen). Ladmirault hielt sich für siegreich; die deutsche Behauptung, man habe ihn „bis unter die Kanonen von Metz" zurückgeworfen, ist pure Legende: erst Mitternachts zog Brigade Braver ab. Nun hat aber Rousset genau wie ich festgestellt, daß ein früherer Abzug aufs linke Ufer überhaupt unmöglich war, daß Ladmirault, wenn er, statt kehrtzumachen, seinen Abmarsch fortgesetzt hätte, doch erst am 15. abends nach Gravelotte gelangt wäre, daß er aber dann Ledœuf den Abzug so lange versperrt hätte, bis dieser umgekehrt erst am 16. nachmittags zur Schlacht eintreffen konnte! Der schädliche Angriff Goltz' hat also den Abmarsch Bazaines eher beschleunigt als verlangsamt. Und dabei, daß nur Bazaines vorbedachter „Verrat" den Sieg der Franzosen am 14. und rechtzeitigen Abmarsch am 15. verhinderte. Nun bietet Rousset p. 97 einen neuen Beleg: Daß auch die lächerliche Auskunft, man habe im Nordwesten der Brust „Welsch deutsche Reiter" rekrutiert, eine bewußte Lüge war. Wenn die deutsche Legende,

*) Wenn laut Rousset nur 116 französische Geschütze am 14. feuerten, wogegen 31 mit mehr verbraten — 11 Batterien Generalstab? so hat der Schwall nur 15 von ihnen 2. Kanone entwickelt. noch seine Darstellung der Feuerwirkung?

**) Der Kommandant die sowie der 2. Bn. der Oberst über dem I. Regiment des Ausfalls auf Noisy die aus am 14. und 15. herantragende Mitteilungen Kommandos zu kennen.

die Bazaine als verleumbeten bloß unfähigen Biedermann auf=
faßt, sich nun noch nicht belehren lassen will, so ist ihr nicht zu
helfen.

Wir allein haben von Anfang an Labmirault als den ein=
zigen begabten General der Rheinarmee gerühmt; jetzt nach Rouffets
Dokumenten wird dies wohl Geschichte werden. Übrigens war er
der Einzige, der seine Kavallerie am 9. August passend zur Auf=
klärung benutzte (Überfall von Ulanen bei Volmerange durch die
2. Huffards).

Von höchster Wichtigkeit sind aber nun zwei Thatsachen.
1) daß Bazaine am 16. keine Ordre an Labmirault sandte, son=
dern nur an Leboeuf, 2) daß Labmirault sich nach Ciffey's Sieg
östlich vor's Bois be Tronville begab, um dort anzugreifen, weil
die Unordnung im Westen es unmöglich machte: dort aber fand
er den Waldsaum bereits von preußischen Tirailleuren besetzt,
deren Kugeln sofort die Pferde seines Stabes töteten und ihn zu
schleuniger Umkehr zwangen. Dies erst bewog den rührigen Führer
zu endgültigem Ablassen von weiterer Offenstve: daß also, wie
ich angab entgegen der deutschen Relation, nicht die keineswegs
so schlimme Reiterschlacht rechts, die ja obendrein mit Nieder=
lage der 38. Brigade zeitlich zusammenfiel, wie wir zu=
erst behaupteten — jetzt durch Bericht des Abjutanten Latour
du Pin klar bewiesen —, sondern Besorgnis für seine Linke ihn
beeinflußte: hiermit steht fest meine Auffassung, daß nicht Schwartz=
koppens Angriff, sondern einzig das Ausbleiben des mit ihm
kombiniert sein sollenden Angriffs der 20. Division unsere Nieder=
lage veursachte. —

Das schändliche Benehmen Bazaines am 18. setzt Rouffet ins
rechte Licht; man kann aber nicht sagen, daß Vourbaki in so
günstigem Licht erscheint, wie wir bisher glaubten (p. 258). Hin=
gegen scheint Leboeuf genügend entschuldigt, daß er nur das
41. Regiment mit 2 Batterien zur Deckung Labmiraults abends
nach Montigny sandte; focht doch schon Brigade Clinchant (Mon=
taudon) seines Korps seit Mittag als Flankenbedung Labmiraults
gegen 4 Bataillone unseres IX. Korps und zwar erfolgreich bei
La Folie, nebst 6 Batterien Leboeufs, wobei II III 81 das Wald=
stück Charmoise festhielten, das Gros Montaubons die Linie La
Folie gegen die deutsche L'Envie=Chanterenne hielt. Daneben
harrte Brigade Prabier bei Montigny gegenüber Champenois
bis zuletzt aus, das 33. Lorencez' dahinter in steter Reserve,
womit sich frühere Angaben von mir bestätigen. Brigade Velle=
court, die mittags so energisch zwischen Bois be la Cuffe und
Verneville agierte, wurde hingegen rückwärts (nur I 13 uud
5. Chasseurs blieben) herausgezogen, um Division Lorencez Platz

zu machen, die über Amanvillers gegen die Eisenbahn vorging.
Dort fochten bis zuletzt 10 Bataillone Lorencez, 2 des 64. Regi=
ments von Pradier, als schon Cissey zwischen Bahndamm und
Jerusalem hatte nach den Steinbrüchen hinter Amanvillers weichen
müssen, wo Garbeartillerie und Garbezuaven den Rückzug deckten.
Cissey lehnte sich rechts an Brigade Gibon (25. 26.) der Division
Levassor des Corps Canrobert, südwestlich von St. Privat, mit
dem 57. und an die Hochfläche nordöstlich Wald la Cusse mit
dem 73. Regiment, die gesammte Artillerie zu beiden Seiten der
Eisenbahn, von den drei Chasseurbataillonen gedeckt. Die deutsche
Geschützlinie ward hauptsächlich von III 13, 5. Chasseurs und I 64.
zusammengeschossen, unser F 85 von 2. Chasseurs und Teilen
vom 98. de ligne. Nachdem das schon am 16. so tapfere
94. de ligne mit Verlust von 10 Off., 300 Mann aus St. Marie
vertrieben, nahmen die Garde und Hessische Artillerie Brigade
Golberg unter schreckliches Kreuzfeuer und die Batterien Cisseys,
die rechts von 7 Canroberts unterstützt wurden, wichen nach
und nach, ebenso die anderen Ladmiraults vor 69 Feuerschlünden,
bald 178 auf der ganzen Linie. Unsre 4. Garbebrigade ward
vom 1. und 57. Regiment durch Flankenfeuer vernichtet (frontal
Brigade Gibon) die 3. Brigade durch 13. und 54., wetterhin
durch 2. Ch., die Hessen durch 73. und 6. Den letzten großen Vor=
stoß Cisseys machten 57. 1. und I 6. Montigny ward erst mitter=
nachts geräumt. (Siehe Karte.) —
   Wie wenig die angeblich so maßgebende „Taktik" ihre Formen
ändert, ersehe man daraus, daß am 31. August Division Aymard
auf Servigny in folgender Formation vorbrach: Vorn 11. Chas=
seurbataillon in drei Divisionskolonnen à 2 Kompagnien, eine
hinter der andern mit Halbdistanz der Entwicklungsintervallen;
dahinter die Regimenter in Bataillonsmassen mit nur 30 Schritt
Zwischenraum, zuletzt das vierte Regiment in Reserve. Diese
Front von nur 500 Meter glich also völlig den tiefen Sturm=
säulen der altnapoleonischen Zeit, die aber damals auch nicht
häufiger angewendet wurden. Ja, Rousset geht so weit, das
französische Streben, sich möglichst rasch in Linie aufzulösen, mit
der veralteten Lineartaktik zu vergleichen, indeß die Deutschen
das napoleonische System der Tiefen=Ordnung (l'ordre en profon=
deur) adoptirt hätten! Das ist natürlich eine grobe Verwechse=
lung. Rousset meint das „aus der Tiefe Fechten," d. h. eine Glie=
derung, die von hinten her das Gefecht speist und Reserven in
der Hand behält: nun, wer hat d e n Stein der Weisen besser be=
sessen als Bazaine am 16. und wer mehr dagegen gesündigt als
die Deutschen am 16., wo thatsächlich kein Mann Reserve mehr
vorhanden war, oder gerade am 18. (Garde und IX. Korps)!
Und wenn Rousset klagt, daß Ladmirault am 18. eine Brigade
(Bellecourt) aus der Feuerlinie ziehen mußte, um überhaupt noch

Stellung Ladmiraults am 18. August um 2 und 8 Uhr.

eine Art Reserve*) zu haben, mußte man deutscherseits am 16. nicht dasselbe thun, die 8 mürben Bataillone aus Tronviller Busch nach Tronville als Reserve zurückziehen? Und wenn Canrobert seine einzige Reserve, Brigade Dais der Division Tixier, nach Roncourt verausgabte, hat man bei Wörth und am 16. deutscher= seits nicht ähnlich Alles verbraucht? Doch Rousset selbst sieht die Wahrheit: „Einfluß bloß taktischer Fehler ist selten schwer= wiegend!" Nur die strategischen seien entscheidend.

Andrerseits legt Rousset ein stolzes Gewicht auf die „alten Soldaten der Rheinarmee im Gegensatz zu den „zu jungen Trup= pen" der Deutschen, und in der That kämpften sie oft mit regel= mäßiger Methodik, wie z. B. Brigade Clinchant der Division Montaubon (insbesondere 95. Regiment) bei Roisseville. Auch hat dort Division Cissey mit ebensogroßer Bravour wie am 16. und 18. August, aber in besserer Ordnung einen Sturmlauf von 2500 m durchgeführt, ruhig wie beim Manöver, ohne einen Schuß zu thun. Was aber half all der Elan dieser kriegsgewohnten Veteranen? Absolut nichts. Denn wie auch Rousset lang und breit erörtert: nur die oberste Führung giebt den Ausschlag. „Le Commandement est tous." Partielle taktische Erfolge (wie z. B. die Cisseys bei Mars la Tour, Greniers bei Verneville, Ay= mards am Abend bei Moscou) bleiben ohne jede Bedeutung. Auch muß andrerseits betont werden, daß die „zu jungen" Mobil= garden ihre Sturmläufe bei Loigny und Beaune ebenso energisch, bei Champigny aber (an den Kalkgruben) erfolgreicher ausführten, als jene „alten" Soldaten. Waren denn übrigens die Preußen von 1806 nicht auch „alte" Soldaten unter kriegserfahrenen Offizieren, die noch gegen die Revolutionsheere bei Pirmasens und Kaiserslautern ihren Mann gestanden hatten, wie z. B. die schwere Schlappe der Division Ambert (Oudinot) bewies? Be= sonders die Kavallerie — glaubte sie sich nicht nach ihren Frie= densmanövern auf der Höhe der Vollkommenheit, fühlte sie sich nicht äußerlich glänzend, galt sie nicht als die beste Europas? Und doch benahm sie sich nachher mit wenigen Ausnahmen (Ir= vingdragoner u. s. w.) äußerst schlaff. Schon bei Saalfeld, wo preußische Legende von heldenmütigem Widerstand gegen Über= macht fabelt, während nur eine Brigade Suchets und 2 Husaren= regimenter von Lannes eingesetzt wurden, zerstob sie vor Minder= zahl. Bei Halle (Hertzberg=Dragoner) desgleichen und selbst das dort rühmlich auffallende Regiment Usedom=Husaren streckte später beim Rückzug Blüchers vorschnell die Waffen. General St. Cha=

---

*) Stimmt übrigens nicht. Denn anfänglich war auch das ganze 15. Regiment Lorencez in Reserve und ein Bataillon davon blieb bis zu= letzt hinten am Steinbruch, so daß zuletzt 6 Bat. (zwei 33. und das 41.) noch als Rückhalt frisch blieben. Auch 2 Bat. 64. wurden erst um 5 Uhr aus der Reserve vorgezogen. Auch focht sogar 100. Rgt. Dais kaum.

mans wundert sich (Memoiren 1896), wie zahlreich und trefflich aussehend man Blüchers Reiterei bei der Lübecker Kapitulation befunden und warum sie sich nicht, wie sie konnte, durchgeschlagen habe? Warum? Weil im Kriege nach Napoleons Wort die moralische (geistige) Kraft zur physischen sich verhält wie 3:1!

Wir verglichen die historiques: Verlustlisten stimmen mit Rousset, doch das 13. de ligne (Lavauzelle 1891) will nur 6 Off., 91 M. verloren haben. Rousset selbst kann nur 6 Offiziere namhaft machen. Sein Mehr würde natürlich Cissey zu übermitteln sein. Nur II 13 focht gegen 38. Brigade, ging im Laufschritt vom Tronviller Busch über die Schlucht: „kaum dies Manöver beendend, erhielt es schon „une veritable grele de balles": also schossen die 16er sofort. „Fast 5 Uhr, heftigstes Feuer, links von Cissey verstärkt." Historique des 64. sagt: „L'action dure quelques minutes," was offenbar nur auf 5, 6/16 bezüglich.

Nachtrag zu S. 15 oben und 18 oben: Hoenig hat die Fälschung nicht gescheut, den zweiten Korpsbefehl an Schwartzloppen: „Meldung 3 ¼ Uhr empfangen" zu lesen: „Meldung von 3 ¼ Uhr empfangen." Somit mag die Meldung schon vor 3 Uhr abgegangen sein und sich mit dem ersten Korpsbefehl gekreuzt haben. Wir legten aber deshalb darauf kein Gewicht, weil der von Heft 25 leichthin korrigierte „Schreibfehler" im Original, nämlich „3 ½ Uhr," zu eigentümlich berührt.

Verlag von Wilhelm Friedrich in Leipzig.

Von Robespierre
zu Buddha.
Von
Karl Bleibtreu.
Preis broch. Mk. 5.—, eleg. geb. Mk. 6.—.

Indem der Verfasser einerseits die conventionellen Vorurtheile der bestehenden Gesellschaft, das Bevormundungssystem von Staat und Kirche einer vernichtenden Analyse unterzieht, gelangt er anderseits zu dem Ergebniß, daß nicht auf dem Wege der materialistischen Weltanschauung, wie die officielle Socialdemokratie sie auf ihr Banier schrieb, sondern nur durch die Buddhistische Karma-Lehre die Menschheit zur Befreiung geführt werden könne. Fast alle politischen, socialen und sexuellen Probleme der Gegenwart werden in dem Werke berührt, auch die Gesetze der „Weltlitteratur" untersucht. Die Reichhaltigkeit und Originalität des gedanklichen Inhalts werden dem Buche viele Freunde erwerben.

Der böse Wille des Militarismus.
Von
Karl Bleibtreu.
Preis broch. Mk. 1.50.

Anschließend an die Friedensconferenz trägt hier Bleibtreu nochmals seine Ueberzeugung vor, daß nur das Milizsystem die Völker von der drückenden Last der nie endenden Rüstungen befreien könne. Zugleich dient die Schrift, in welcher infolgedessen scharfe Polemik einen breiten Raum einnimmt, als Abwehr des Boguslawski'schen Pamphlets „Contra Bebel und Bleibtreu", dessen unaufhörliche Entstellungen und Verrechnungen hier nachgewiesen werden. Die an Material überreiche Broschüre dürfte den militärischen Verläumbern Bleibtreus unangenehme Ueberraschung bereiten.

Brückner & Niemann, Leipzig.